加拿大自由车队运动

——震惊世界的三周内幕

安德鲁·洛顿 著

李丰果 译

Heptagram Inc.

为了无限爱护和支持我的妻子詹妮弗,以及我的父母吉姆和翠西。

目录

译者序	vii
引言	xiii
第一章：车队的形成	3
第二章：从运动到组织	13
第三章：前往渥太华	21
第四章：反响	29
第五章：欢迎来到渥太华	41
第六章：安营扎寨	55
第七章：这里谁负责？	65
第八章：各执一词	75
第九章：车队效应	85
第十章：法庭、现金和油罐	95
第十一章：会谈	105
第十二章：紧急状态法	115
第十三章：清场	125
第十四章：余波	137
结语	143
注释	147

译者序

爱说 Sorry 的加拿大人在人们的印象里一贯特别平和友好，然而就是这样温和的加拿大人，于新冠疫情期间，却在全世界率先暴发了反抗强制政策的运动——加拿大自由车队运动，由最普通的大卡车司机率先发起，声势浩大，震撼世界，其持续的历史影响也许至今还在发酵之中。

2022 年初，在严酷的封城和强制政策中度过了两年的人们，忍耐似乎到了极限，尤其是在对人身自由极为重视的欧美各国。随时疫情的逐渐减轻，要求放开管制的情绪一直在酝酿之中。然而任何政府，或者说权力的拥有者都天然地喜欢不断强化自身的控制力，他们似乎对社会危机中不断扩大的政府权力甘之如饴，不舍得放弃，而且很多方面还变本加厉。加拿大特鲁多政府不仅没有任何放松管制的迹象，反而新发布了一个命令，所有往返于美加之间的卡车司机都必需强制接种疫苗，而此前，政府说卡车司机是对民生和经济有重大影响的必要劳动者，加之工作环境独立，不易触发公共卫生危机，因此享有很多强制豁免权利。这道鲁莽的命令点燃了长久压抑的怒火，加拿大的卡车司机们不干了。其实，大多数卡车司机都接种了疫苗，没有接种的只是极少数。这些少数未接种疫苗的司机如果无法工作，会进一步增加缺少司机的情况，影响物资供应，这对接种了疫苗的大多数司机来说，反而更有利于提高补贴，但他们还是一起站出来反对该政策。他们反对不是疫苗，而是反对"强制"，相当一部分人不是为了自己，而是为了别人——那些不愿意打疫苗而被强制政策侵害了工作权利的人——站了出来。事实上，当然有相当一部分人，不仅是卡车司机，他们接种疫苗也的确是迫于工作的需要，不接种不能工作。也许不愿意接种疫苗的人并不是社会多数，但这一强制本身实际上一直让这部分普通民众有苦难言，觉得自己完全是受到了胁迫。

有组织者发布消息之后，卡车司机纷纷响应。各地司机向首都渥太华进发，举行大规模抗议，而抗议目标也从反对卡车司机的疫苗强制发展到要求取消一切疫情强制政策。

整个加拿大社会几乎沸腾了，各地民众纷纷走上高速公路两旁的雪地和上方的天桥，举起枫叶国旗，向进发首都的车队致敬和表达支持，人们苦于强制政策的压抑心情可见一斑。

事实上，在整个疫情期间，政府的强制政策一直处于巨大的争议之中，不像中国长期的专制社会环境，人们习惯于被权力无限的政府进行任何管制，在西方自由传统深厚的社会，所谓"不自由，毋宁死"，对政府强制一直有反对的声音。而随着疫情渐缓，政府仍然毫不松动，民众早已不耐烦。

但是西方社会这些年的发展，尤其是极端左派思维的泛滥，大政府和极端政治正确思潮的作用下，整个社会个人自由权利实际上日益缩小，而疫情中的情形只是使这一点表现得更为突出。疫情中人们关于疫苗及各种强制政策的意见撕裂，实际上是整个社会矛盾长期积累的一种折射。

注射疫苗，本来在尊重自由权利的传统习惯下不会是任何问题，我的身体我作主，当然由我自己决定，政府不应该强制。但政府却不这么想，为了他人以及你自己的安全负责，可以强制你。那么人们有理由进一步相信，政府可以在为你好的理由下强制你做任何事，甚至把你投入监狱。这个逻辑就是苏联已经实践失败的共产主义运行基础。令人担忧的是现在西方社会的很多人，有时甚至是社会的大多数人，持有和政府相同的观点。民主体制同样有其脆弱，人们可以用民主的方式实现专制，投票剥夺少数人的权利，也许大家都还记得苏格拉底被希腊人投票处决的遥远先例。

曾经在黑命贵运动中下跪的加拿大总理特鲁多，在对待这场卡车运动中的态度可谓截然相反。他从未试图进行任何对话，先是通过媒体抹黑，继而冻结卡车司机甚至捐款者的银行账户进行恐吓，后来在渥太华街头，直接援引几乎只有在战争状态下才会启用的紧急状态法，派出武装警察强行清场。

当时译者刚刚携家人到加拿大定居，对风起云涌的卡车运动和心狠手辣的政府铁腕深受震撼。在奥克维尔欢送车队出发的现场，来自罗马尼亚的移民说，她也打了疫苗，她支持卡车司机并不是因为反对疫苗，而是反对强制。共同的理念和对权利的坚持，让不同肤色和文化背景的人们维系在一起。我借过身边这些支持者的一面枫叶旗，让年幼的儿子站在雪堆顶部高高举起，为他拍了一张照片。我希望他和我一样，记住这个历史时刻，在接纳我们的这片伟大的土地上，其文明和幸福并非空穴来风，而是靠这里的人民不断奋斗争取而来。作为一个中国人，我们对这一切尤其百感交集。

在温莎边境，当武装警察和抗议者对峙之际，一位来自中国的女士，声泪俱下地控诉这个场面让她想起了她所经历过的中国天安门广场上的镇压事件。很多华人都感同身受，不仅在社交媒体上声援卡车司机，并前往渥太华表示支持。这些中国人对专制社会的痛苦记忆让他们对政府以暴力措施对待人民特别敏感。虽然仍有相当多的华人一贯沉醉在中国不断发展壮大的迷梦中，分不清政党、政府和国家之间概念有别，对政治权利还相当无感。

　　加拿大的自由车队运动以镇压清场结束，特鲁多政府似乎赢了。然而在运动期间，各省政府率先宣布解除疫情限制措施。运动清场后不久，特鲁多政府自行宣布解除相当一些限制措施，它当然暗示说这些解除动作和车队运动无关。更重要的是，保守党内部罢免了原先保守派立场不够坚定，对左派执政党立场亦步亦趋的党领奥图尔，事后，更为坚定的保守派皮埃尔当选党领。从这一切可以看出，自由车队运动的影响是巨大的，而且远未结束。特鲁多以为在疫情中大肆发钱收买了人心，因而提前举行大选想要获得一个多数党政府，结果虽然落空但仍然保持了组阁权力。而经过自由车队运动，以及后来疯狂的通货膨胀等一系列演进，时至今日，自由党政府的危机日益增长。在巴西，保守派总统未能连任，而在欧洲，意大利、瑞典、荷兰等右派重新组阁，邻居美国的左右之争也日趋白热化。整个世界政治局势在疫情后加剧分化蜕变，当加拿大下届大选到来之际，自由车队运动的记忆将会激发人们怎样的投票抉择？

　　尽管政府的权力在变大，人民的自由在受限，可是无论怎样，从加拿大自由车队运动来看，这是民众在自由民主的框架内争取权利的运动，它还有法治和选举的可能空间来继续表达。而在中国，无论疫情中的疾病本身，还是屡次大规模封城导致的人道灾难，都可谓惨绝人寰。在一个完全专制的体制内发声和抗议更为艰难，但是最终在上海，普通的中国市民仍然勇敢地表达了他们反抗的心声，尤其是喊出了令人震撼的终极口号，要求最高领袖和那个一贯伟大的政党下台。也许这些呼声只是偶然而发，但无论如何，它们具有非凡的象征意义，将是中国历史变革的前奏。

加拿大著名的保守派记者安德鲁·洛顿所撰写的这本书，让我们回到那激动人心的现场，了解这一运动的客观真相，重新点燃争取自由权利的热情。尤其是饱经忧患的中文读者，更有必要认识到，在信息化的时代，人们的自由选择应该更加得到尊重，但权力的蛊惑却一如既往。疫情大流行是对整个世界的一场考验，我们应当铭记每一个国家那些争取自由的普通人，在渥太华鸣笛的卡车司机，和上海乌鲁木齐路上举着白纸呐喊的年轻人，他们是为我们每一个人而经历苦难。幸福的秘密是自由，而自由，从来不是免费的。

引言

车队抵达渥太华前夕，街头给人的感觉根本不像抗议活动，简直是一场大型派对。空气中弥漫着喇叭声、柴油机尾气和兴高采烈的氛围。司机们环绕城市街区，鸣着喇叭，放着音乐，经过人行道，人群大声欢呼，司机们高喊"自由！"。向首都进发的大部队还在后面，自行前往的卡车司机早已捷足先登，在惠灵顿大街及其附近的小巷子里站稳了脚跟。他们大部分在三周内都不会离开这些地方。室内的景象也同样充满活力，原先只是在 Facebook 和 Telegram 群组中认识的人们一见面就拥抱在一起。过去两年大部分时间空空如也的酒店现在也全都人满为患。

在接下来的日子里，气氛愈发喜庆。一辆装有大功率音响系统的平板车成为主要舞台，整个一周的时间里演讲者和音乐人轮番登场，台下的人们载歌载舞直到深夜。一到周日上午，同样的舞台，则举办教堂礼拜。此外，充气城堡和热水浴缸也一应俱全。走进车队的领地，真是久违了的感觉，就像一脚踏进 2019 年——那个没有强制口罩和疫苗护照的年代。这就是抗议者们试图挽回的世界。如果你在现场，你绝不会相信这样的参与者竟然能被定义成是一群暴力的、充满仇恨的叛乱分子。与你被灌输的信息正相反，事实并非那样。

当卡车司机接近渥太华时，总理贾斯汀·特鲁多（Justin Trudeau）将他们斥为持有"不可接受的观点"的"少数边缘群体"。[1] 加拿大媒体的报道在蔑视和诽谤之间摇摆不定。一家媒体强调了一位自称是安全专家的警告,即车队捐助者可能正在资助恐怖主义。[2] 加拿大国家广播公司 CBC 认为,"俄罗斯行动者"可能是一切的幕后黑手。[3] 当车队在渥太华建立起相对固定的基地时——一位组织者称之为"特鲁多的卡车站"——在推特上流行的故事和主导主流媒体的报道几乎都是负面的。从无家可归者那里偷取食物,亵渎纪念碑,还有纳粹和邦联旗帜,诸如此类。这些事件中的大多数情况都被严重歪曲了。车队的组织者迅速谴责了他们中间的不良分子,那些人不能代表抗议者整体。然而,这些事情还是帮助批评者炮制了这样一种说法:车队是由一群无法无天、冷酷无情的白人至上主义者组成的。

这些争议在网上引起的轰动远超渥太华街头。通常我都是在回到酒店房间取暖和给手机充电时才得知这些消息的。就我的亲身经历而言,我没有看到一个纳粹标志或邦联战旗,尽管从新闻报道中你会认为它们无处不在。有很多"去他妈的特鲁多"(Fuck Trudeau)那样的旗帜,也不乏涉及 5G、乔治·索罗斯和比尔·盖茨的各种阴谋论的标语,但率性而发的粗鲁和搞怪并不是暴力。

媒体对车队的描述和当地的实际情况之间存在着明显分歧。尽管加拿大的主流报道近在咫尺——采编活动都是这些媒体在渥太华的新闻办公室进行的——记者和专栏作家坚持认为卡车司机和他们的支持者是危险的暴徒,而美国和英国的媒体对待车队显得更加公平。由于车队的组织者拒绝与大多数媒体接触,加之一些抗议者每每对他们遇到的记者进行嘲讽或骚扰,这无疑让一些情况雪上加霜,进一步造成了诋毁车队的不讨人喜欢的新闻片段。亲眼看到车队情况的人,对媒体的报道更加不信任。

我最称赞的报道是一些简单的视频直播，向观众展示了渥太华警方所说的"红色区域"中未经过滤的现实。

很少有记者试图了解抗议者以及他们为什么会在那里。无论趁周末来这里查看一下情况就再未离开的暖通空调技术员，还是完全接种了疫苗的左派人士，她来抗议是因为她认为支持堕胎就应该反对疫苗强制接种，或者是走进酒店寻找打印机的阿尔伯塔省夫妇，他们最后成为车队后勤中心的重要组成部分，车队中的每个人都有自己发挥的空间。在这三周里，车队吸引了广泛的支持，包括各类人群，与批评者给他们生搬硬套的标签大相径庭。有福音派和自由主义者，加拿大原住民和魁北克人，嬉皮士和蓝领工人。车队远比许多人想象的更能反映加拿大社会。这种多样性说明把所有抗议者指责为散漫拖沓、反科学的傻瓜纯粹是一种误导。尽管人们各式各样，但有某种东西将抗议者们凝聚在一起。它始于对疫苗强制接种和疫苗护照的一致反对，进而在那些在很多方面感到是社会生活和政治生活弃儿的人们中间，演变成了一种社区意识。这种纽带使车队一直团结在一起，直到最后，警方两天的雷霆行动清理了街道，在不到四十八小时内将卡车和抗议者一扫而空。

在二月里那个寒冷的周末，骑警将一名年长的原住民妇女撞倒在地，身穿防暴装备的警察向记者喷洒胡椒喷雾，政府征召拖车司机，银行冻结了数百个从未被指控，更不用说被定罪的人的账户。那个周末标志着车队在渥太华的活动进入了尾声。这是原本和平的抗议活动中第一次也是唯一一次暴力事件。这一镇压行动在很大程度上得到了加拿大媒体的欢迎,但为外国媒体所谴责。对车队的支持者来说,这证明了他们所抗议的政府一直在越权;对车队的反对者来说,这些早就应该发生了。这场冲突只是进一步加深了这两种说法之间的分歧。

最终,车队确实引发了一场政治清算,尽管主要是在加拿大保守党内。它还揭示了媒体与其报道对象之间的脱节。更重要的是,它标志着加拿大政治和疫情的一个转折点。

本书是我在渥太华的实地报道和对参与车队各个层面的人进行无数小时采访的产物。它并不打算成为那三周内发生的所有事情的权威性报告。有些内容我没有详述:支持和反对疫苗和疫苗强制的争论;面对大规模的、狂欢节般的抗议,警察内部发生了什么;渥太华市民的街道被抗议者占据的经历,仅举几例。随着事件的发展,媒体对这些角度进行了充分的报道,但往往忽略了对车队如何以及为什么会出现的深入研究。我专注于这个故事,因为它为我心念所系。在渥太华,媒体对车队的报道与我亲眼所见之间的差异一再让我震惊。部分原因是他们没有与主流媒体交流,抗议者和组织者在他们自己的故事中经常被忽略甚至被歪曲。我想了解他们的想法和动机,并按照他们的经历写下车队的情况。我试图在这里准确而诚实地做到这一点。

车队的故事引人入胜。这是一个关于加拿大人的故事,他们从开始普遍接受每一波疫情限制措施,到最后忍无可忍,并广泛宣称疫情结束。这是一群勇敢的卡车司机怎样使七国集团的首都屈膝臣服,一个自发的草根运动如何演变成一个拥有律师、会计师、公共关系战略、背后运作的警察谈判渠道,以及分布在渥太华酒店的多个指挥中心,动用资金规模达数百万美元的非凡运动。这是一场不仅在加拿大,而且在世界范围内产生了衍生品和模仿者的传奇壮举。

第一部分
旅程

第一章
车队的形成

布丽吉特·贝尔顿 (Brigitte Belton)穿越加拿大和美国边境的次数多得她数不过来。然而2021年11月16日，情形为之一变，与一名热情过度的边防人员的冲突几乎让她濒于崩溃。

这位来自安大略省华莱士堡的52岁卡车司机当时正载着货物驶入加拿大，车上除了她的狗没有其他人。在温莎-底特律口岸，加拿大边境服务局官员威胁要逮捕她，罪名是什么呢？不戴口罩与该官员在检票口交谈。贝尔顿并非想固执己见。她有哮喘病，是家庭暴力的幸存者。她说，遮住脸简直让她"发疯"。之前她每次越过边境时，工作人员都很理解。有时她被允许戴上一个塑料面罩作为替代，这不会像口罩那样给她带来痛苦。这一次，他们没有这样的同情心。

贝尔顿被送入二级筛查区，并被再次警告，如果她不遵守规定，可能会被温莎警察逮捕。在与一名主管谈话后，她被警告并释放。但这次经历让她感到震惊，以至于她差点出了车祸——她说在她七年的卡车驾驶生涯中从未发生过这种事。几个小时后，她把车停在伦敦附近的赫斯基卡车站，就在401公路旁，在一个TikTok视频中含泪讲述了这一事件。

"在加拿大，我们不再是自由的。"贝尔顿在视频中说。"我受够了。我受够了。我不知道我接下来要做什么，但我受够了。"[4]

不仅仅是这个边境事件，近两年的封锁、限制和强制措施，使从未接种过COVID-19疫苗的贝尔顿感到在自己的国家是个二等公民。她想到了结束自己的生命。她甚至试图将她的银行账户转移到她丈夫的名下，但得知她必须在营业时间内亲自到银行分行办理时，这个计划还是不能实行。在此期间，看到她视频的人们纷纷伸出援手示以安慰。贝尔顿还与她的丈夫聊了聊，她的丈夫总算使她平静下来。

自9月以来，未接种疫苗者被禁止前往安大略省的餐馆、健身房和大多数娱乐场所。所有省份最终都实行了疫苗护照制度，即使是保守的阿尔伯塔省和萨斯喀彻温省也不例外。10月，总理贾斯汀·特鲁多对航空和铁路旅行以及联邦公务员实施了一项全面的疫苗接种规定。在贝尔顿与边境官员发生冲突的时候，她感觉整个世界都对她关闭了，只有呆在卡车里还是唯一的喘息机会。

"在那个时候，我已经受不了了。"她告诉我。"我对生活已经厌倦了。我知道我不能在加拿大生活在一个露天监狱里。我就是不能。"

贝尔顿不知道，事情即将变得更糟。

11月19日，即贝尔顿因是否戴口罩而发生争执的两天之后，加拿大政府对跨境卡车司机实施了真正意义上的疫苗接种强制令。[5] 贝尔顿即将失去生计。

2020年3月，在COVID-19大流行开始之际，美加边境首次关闭，但卡车司机仍然可以两边往返。作为必要工人，他们被豁免于加拿大众多的COVID政策要求，包括PCR测试、隔离，以及后来出示疫苗接种证明的要求。这一豁免是没有争议的。卡车司机对加拿大和美国的供应链至关重要，作为在相对独立的环境中工作的人，他们能带来公共卫生风险的概率很低。当加拿大边境在2021年8月9日对接种疫苗的美国旅客重新开放时，未接种疫苗的卡车司机继续进入，无需隔离也没有任何问题。

11月19日的公告取消了必要工人豁免，从2022年1月15日起生效。这意味着未接种疫苗的美国卡车司机将被禁止进入加拿大，而未接种疫苗的加拿大卡车司机在再次入境时将不得不进行隔离，这使得继续拉货变得不切实际。几天后，美国总统拜登也跟进，宣布从1月22日起，加拿大卡车司机必须接种疫苗才能进入美国。[6]

特鲁多对卡车司机的疫苗强制接种令看起来更像是蔑视表演而不是什么科学决断。当时，加拿大是世界上疫苗接种率最高的国家之一，超过86%的成年人完全接种了疫苗。[7]为什么这个时候还要出这种政策？世界各地的国家都在取消他们的限制。美国的许多州已经完全重新开放，那些尚未开放的州很快也要跟进。然而，加拿大正在增加更多的限制和障碍，特别是对未接种疫苗的人。

此举受到边境两边卡车运输团体的谴责。加拿大卡车联盟（CTA）主席斯蒂芬·拉斯科夫斯基（Stephen Laskowski）警告说，这一强制将创造一个"完美风暴"，加剧现有的供应链中断和延误。

当时加拿大已经有18,000个卡车运输职位空缺，空荡荡的杂货店货架已成为加拿大人的家常便饭。根据CTA的数据，跨境卡车司机有12万加拿大人和4万美国人。其中，CTA"保守"地估计，由于拜登和特鲁多的疫苗强制令，10%到20%的加拿大卡车司机和40%的美国卡车司机将被排除在跨境贸易之外。贝尔顿就是其中之一。[8]

她说，她对"让某种类型的制药公司向我的手臂注射化学物质"持怀疑态度。[9] 强制规定只是加强了她对疫苗的厌恶，因为她觉得如果疫苗像政府所说的那样安全有效，他们就不需要强迫人们接受它。

"我将会失去工作。"她说。"我有一辆卡车，我在大流行期间愚蠢地买了一辆卡车，因为我是一名必不可少的工人。我没有想到他们会把我从路上赶走。如果我在两年内一直是必要工人，为什么我现在不必要了？当时都是在撒谎吗？还是现在都是撒谎？"

特鲁多早已放弃了对必要工人的优待，至少是对那些没有注射两针疫苗的人。加拿大人的态度似乎也是这样。2021年9月，特鲁多赢得连任，竞选期间他经常在言论和政策上针对未接种疫苗的人。他承诺将疫苗接种作为在联邦公共部门工作，以及乘坐飞机或铁路旅行的先决条件。他在当选后几周就兑现了这一承诺。

* * *

出人意料的是，对卡车司机的疫苗接种强制并没有使贝尔顿更加绝望。她没有放弃加拿大，而是有了一个主意。在她的 TikTok 滚动推送中，她遇到了另一位加拿大卡车司机，和她一样，显然已经受够了 COVID 时代——BigRed1975。

在现实生活中，BigRed 叫克里斯·巴伯(Chris Barber)，萨斯喀彻温省的一名卡车司机，也是多产的 TikTok 影响者，拥有大量粉丝。贝尔顿从未见过他，但喜欢他讨论 COVID 限制的方式，觉得他们在政治上有相同的理念。她认为他和她一样，也已经到了崩溃的边缘。在他的一个关于卡车司机疫苗强制的视频中，她留下了一个简短的评论："车队 2022"。他没有回应，于是她在另一个视频上又表达了做一个车队的想法。还有一个。再来一个。(她承认："我像个爱出风头的小姑娘。") 她一直坚持下去，直到引起他的注意，然后说服他在电话中交谈，以便她能够展开她的创意。

"让我们把一群人聚在一起。"12 月初，贝尔顿对巴伯说："我们开车到处走走，制造一些声音，从从容容搞一些动作，说实话，问题会在 24 小时内得到解决。"

贝尔顿的设想是在加拿大各城市和边境口岸同时举行卡车司机的大游行，使交通堵塞，没有人可以视而不见。另一个想法是全国卡车司机罢工，尽管她和巴伯都倾向于前面车队的方案。她天真地认为政府会在不到一天的时间内让步。在向巴伯播下种子后，她不断催促他，发挥她的网络营销背景，劝他利用他的人脉和观众来帮助实现这一目标。她说服了他，"终结强制车队"——当时就叫这个名——就这样诞生了。

对车队的兴趣在 TikTok 和 Facebook 上迅速传播。1 月 12 日，加拿大边境服务局表示，在卡车司机强制疫苗生效的前三天，它将继续允许未接种疫苗的美国和加拿大卡车司机进入该国，这是一个短暂的胜利。[10] 车队认为特鲁多已经屈服了，尽管胜利是短暂的。第二天下午，政府反其道而行之，称卡车司机仍需接种疫苗，从 1 月 15 日起生效，将早前的改变视为边境服务局的"错误"。[11] 即便在他们认为疫苗强制已经取消的短暂时期，巴伯和贝尔顿仍在继续他们的车队计划，因为他们知道其目标远不止是取消卡车司机的疫苗强制。

"这不仅仅是为了我们，"贝尔顿在 1 月 15 日的视频中说，"这是为了急救人员，这是为了警察，这是为了消防员，这是为了母亲们，这是为了父亲们，这是为了所有人。"[12]

贝尔顿制作了一张传单，在社交媒体上分享细节，不久之后，其他人也加入进来，在不同地区领导车队。她带头在萨尼亚市开展活动，而巴伯则在萨斯喀彻温省召集卡车。在卡尔加里、温尼伯和温莎，其他地区的领导人也很快就站了出来。可以说，一场活动的车轮已经开始徐徐运转。

* * *

2021 年 8 月 29 日，几十名卡车司机封锁了澳大利亚黄金海岸的一条公路数小时，以抗议对必要工人的强制性疫苗接种。[13] 随后，他们将目光投向了新南威尔士州的首府堪培拉。阿尔伯塔省活动家詹姆斯·鲍德（James Bauder）看到了这一点，并设想了一个加拿大版本。他在脸书上发出呼吁，希望有 500 辆卡车和他一起开往渥太华，寻求结束疫苗护照、口罩强制规定和封锁的做法。

"如果你有一辆半挂卡车，并愿意挺身而出，拯救我们伟大的国家，使其不至于成为中国那样（Chinada），请给我发短信。"他写道。"我准备好发出一些声音，但我需要你这个大卡车司机。"[14]

这个想法之前就已经尝试过了。2019 年 2 月，170 辆卡车组成车队离开阿尔伯塔省红鹿市，前往渥太华，抗议特鲁多政府的能源政策。这些司机和其他示威者在渥太华举行了两天的集会，吸引了相当主流的保守派支持，包括当时加拿大保守党领袖安德鲁·谢尔（Andrew Scheer）的演讲。为"团结起来"（United We Roll）发起的 GoFundMe 活动筹集了 142,873 美元。组织者大肆宣扬他们的成功，每个人都顺利回了家。[15]

鲍德参加了"团结起来"活动，并认为 COVID 会成为一个更好的背景。在大流行期间，他创建了加拿大团结组织（Canada Unity），这是一个据称是"人道主义"的Facebook 页面和在线网络，发布反疫苗强制和反疫苗内容。2021 年 12 月 30 日的一篇帖子称与疫苗有关的伤害是"种族灭绝"，并暗示乘坐由接种过疫苗的飞行员驾驶的飞机是不安全的。[16] 加拿大团结组织的活动之一是为所谓的谅解备忘录（MOU）收集签名，这份六页的文件令人费解地针对加拿大参议院和总督玛丽·西蒙（Mary Simon）。谅解备忘录声称要在签名者、参议员和女王在加拿大的代表之间建立一个"加拿大公民委员会"，该委员会将被授权命令省、市和联邦政府放弃疫苗强制和疫苗护照。谅解备忘录是用法律术语表述的无稽之谈，但这对那些不了解情况的人来说是很有说服力的，尤其是考虑到鲍德在宣传时的自信和决绝。

在 2021 年的秋天，鲍德为他的车队想法和谅解备忘录争取支持，并在 12 月驾驶"团结 1 号"从阿尔伯塔省到渥太华，这是一辆挂着加拿大团结徽章的露营车，他亲自将谅解备忘录送到加拿大参议院，他把这项任务称为"熊抱行动"（Operation Bearhug）。他只找到了一辆愿意去渥太华的 18 轮卡车——与他要求的 500 辆相去甚远，但他到了那里后，还是召集了几十名抗议者。鲍德带领一个抗议小组来到参议院大楼，议会区的保安人员告诉他，他们不能在现场接受任何文件。鲍德随机应变，带领他的团队来到附近的加拿大邮政网点，在那里他支付了费用——其实是不必要的，因为给议会和总督的信件不需要邮资——以挂号信的方式寄送备忘录。鲍德回到家里，承诺 Canada Unity 在 2022 年会有"大发展"。

贝尔顿从未听说过鲍德、Canada Unity 或谅解备忘录。随着"终结强制车队"的消息传开，鲍德通过一个女性卡车司机团体联系了贝尔顿，并提出要加入车队。在 1 月初的一次通话中，鲍德向巴伯和贝尔顿推销了去渥太华而不是同时安排区域车队的想法。他认为，结束 Covid 限制和疫苗强制的关键是在联邦一级施加公共压力。为了推广这个想法，鲍德邀请了帕特·金（Pat King），一个自称是"调查记者"的人，在 Facebook 上有数十万的粉丝。金在 1 月 12 日的 Facebook 视频中宣布了渥太华车队的计划。[17]

第二天晚上，金在脸书上主持了一场 71 分钟的直播，参加直播的有贝尔顿、巴伯、鲍德以及刚起步的车队的两名地区组织者戴尔·恩斯（Dale Enns）和乔·扬森（Joe Janzen）。[18] 一度有 3,000 人收看。在讨论过程中，很明显，鲍德已经主动承担起了关键的规划角色。他在会议期间宣传他的谅解备忘录。他还分享了一个令贝尔顿惊讶的消息，即除了温哥华-渥太华和萨尼亚-渥太华的路线之外，还增加了第三条从滨海地区经过魁北克的车队路线。他谈到了逐日行程的重要性，其中包括食物、燃料和住宿要求。自西向东的车队将沿 United We Roll 在 2019 年的路线行驶。该计划在未来几天得到进一步充实，然后被发布到 Canada Unity 的网站上，作为一个参考中枢，该网站还将提供各地区路长的联系信息。在讨论过程中，这项活动也有了新的名称："终结强制车队"（Convoy to End Mandates）变成了"自由车队 2022"（Freedom Convoy 2022）。

第二章
从运动到组织

布里吉特·贝尔顿关于全国性的卡车司机慢行系列的想法与詹姆斯·鲍德关于车队前往渥太华的设想不谋而合。鲍德带头将行程安排在一起，计划于1月29日抵达。贝尔顿坚持要1月28日，即挑战者号爆炸的周年纪念日。她相信，这次爆炸与政府的大流行病应对措施之间存在着相似之处。

"那是航天飞机爆炸的日子，"贝尔顿告诉我，"那是科学。科学的好坏取决于它提供的数据。"

贝尔顿最终于1月28日带领一个小组前往渥太华，不管怎样，这是其他组织者对她感到失望的几个原因之一。

到1月中旬，互联网上的保守派角落都在热议车队的消息，尽管计划仍在变化之中。除了宣传人员的个人渠道外，车队没有网站或社交媒体。贝尔顿和克里斯·巴伯整天都在处理那些想参与其中的人发来的信息。他们在路上进行规划，停在路边发布TikTok的最新信息，并对源源不断的问题和评论作出回应。大多数只是鼓励的话，但也有人问车队什么时候出发，在哪里见面，还有越来越多的人问他们如何能在经济上支持这个项目。

巴伯和贝尔顿之前都没有想到钱的问题。两人都计划自己支付前往渥太华的路费，并认为其他人也会这样做。他们只是对越来越多的卡车司机和"四轮车司机"——汽车和皮卡司机——也想这么做感到兴奋。1月13日，当巴伯接到塔玛拉·利奇(Tamara Lich)的电话时，情况发生了变化。

利奇于1972年9月19日在萨斯喀彻温省农村出生，名叫 Arlene Catherine Martineau。她的养父母给她取名为塔玛拉。利奇是艾伯塔省南部城市梅迪辛·哈特（Medicine Hat）的一名知名活动家，该市有63,000人。在2018年和2019年，她带头参加了当地的黄背心抗议活动，这是一场保守派运动，其灵感来自于法国的经济正义抗议活动。她还是特立独行党的董事会成员，这是一个新兴的西部独立党，曾在2021年的联邦选举中提出候选人名单。2019年，利奇是"团结起来"车队的支持者，但没有跟随车队前往渥太华。除了5岁时的一次家庭旅行外，利奇从未去过首都。在独立于鲍德、巴伯和贝尔顿的情况下，利奇认为加拿大再次发起一支车队的条件可能已经成熟，所以当她得知他们正在努力时，她立即想要加入。

利奇通过一个共同的熟人联系到巴伯，并提出为车队管理一个众筹活动和社交媒体页面，此时，很多人都在宣传车队，但没有一个中央信息枢纽。巴伯和贝尔顿这时候正愁忙不过来，尤其是他们还要整天驾驶卡车，所以对这个提议一拍即合。1月14日，利奇创建了"自由车队2022"Facebook 页面和 GoFundMe 活动。

"我们请求捐款，以帮助解决燃料、食物和住宿的费用，帮助缓解这项艰巨任务的压力。"该活动的筹款宣传语写道。"为我们的自由稍稍付出一点。我们感谢你们所有人的捐款，并知道你们正在帮助重塑这个曾经美丽的国家，使其恢复原状。"

利奇期望筹集到 20,000 美元，为卡车司机购买一些柴油和三明治。当巴伯建议将筹款目标定为 25 万美元时，她还笑他。

"哦，我的天，我不会那样做。"她告诉他。"那听起来很贪婪。我绝不会那样做。我打算把它定为 10 万美元，我已经为此感到过意不去。"

筹款活动在短短两天内就达到了六位数。

捐款从几美元到几千美元不等，GoFundMe 在头几天就带来了数十万美元。在一个星期内，它达到了 100 万美元，而卡车甚至还没有上路。对这笔钱没有任何计划，更不用说接下来的事情了。

由于利奇的名字出现在 GoFundMe 上，而且她在"自由车队 2022"的 Facebook 页面上定期发布视频更新，她很快就成为这场草根运动中最引人注目的领导者。这笔钱是衡量车队势头最具体的方式，尽管募款的增长也带来了新的问题，那就是如何使用这笔钱。计划一直是把钱直接给卡车司机，首先支付燃料费，然后在必要时支付食宿费用。任何剩余的资金都将捐给一个退伍军人组织。利奇更新了 GoFundMe 的描述，解释说她将促使司机们进行注册，让组织者知道哪些卡车司机会参加，以便通过电子转账支付这笔钱。

利奇没有准备好处理数以万计的美元，更不用说活动最终筹集到的数百万美元。除了 GoFundMe 上的募款活动之外，人们还发送了电子汇款，这些汇款进入了利奇名下的专用个人账户。尽管车队仍未上路，但事情进展迅速。利奇组建了一个财务委员会，由会计师、簿记员、原住民财务联络员、一些董事和她本人组成，负责监督捐款的分配。一开始，组织者认为司机们会自己付钱，并保存他们的收据以便以后报销。然而,利奇不想把那些经济条件较差的人排除在外,特别是当涉及到那些因为参加车队抗议而失业的卡车司机时。一个解决方案是将现金预付给那些需要的人,尽管离启动还有几天时间,但从 GoFundMe 平台提取募款资金的官僚程序使这一设想付诸东流。起初,利奇称赞说与 GoFundMe 合作非常愉快,她和该平台一起制定了一项发放资金的计划。利奇说,GoFundMe 的一个建议是将钱直接转给一家散装燃料公司,让它处理卡车的燃料问题。这让利奇松了一口气,她不想处理所有的电子转账和收据,也不想让任何人有机会指责组织者私吞钱财。组织者甚至不想报销他们自己的差旅费。

随着车队在网上的影响力越来越大,其他与中央组织团队没有关系的人开始创建自己的网上筹款活动,表面上是为了支持卡车司机。一些人希望帮助支付酒店费用或为他们购买食物。另一些人则发起募款活动,为自己前往渥太华加入车队的旅程筹集资金。有些活动看起来像是诈骗者的行为,他们试图从卡车司机支持者的慷慨中获利。利奇从未劝阻人们向其他募款活动捐款,但在几个视频中要求支持者做"尽职调查",并强调她这里是唯一的"官方"募款活动。

* * *

介入后不久,利奇认为车队需要拿出一个公共关系计划。她在社交媒体上传达有关车队及其筹款的细节,但这还不够。她担心卡车司机可能不是抗议活动的最佳发言人,至少在没有经过媒体培训的情况下不会是。她也不相信媒体会准确地描述那些敢于直言的人，因此，有一个知道该注意什么的人就更加重要了。她请长期的保守派活动家和组织者本杰明·迪克特(Benjamin Dichter)加入，担任发言人。利奇于 2018 年在梅迪辛·哈特的汤姆·奎金（Tom Quiggin）关于激进伊斯兰教的讲座上认识了迪克特，汤姆·奎金是一名作家和前安全分析员，迪克特帮他制作了播客。迪克特是加拿大保守党候选人，在 2015 年的多伦多竞选中未能获胜。他也是"同志"（LGBT）保守派组织"同志故事"（LGBTory）的共同创始人（尽管他不是"同志"）。利奇多年来一直与迪克特保持联系，但不知道他在 COVID 大流行前不久开始兼职开卡车。他不仅了解媒体，也是一名卡车司机。

与巴伯一样，迪克特也完全接种了疫苗。但他坚决反对疫苗强制接种和 COVID 限制，并看到整个加拿大人对它们的反对声越来越大。他很乐意参与其中，但他有两个条件：车队必须留在渥太华，政党必须排除在抗议活动之外。他知道一些政客会支持，但他想避免把这场运动贴上任何特定党派色彩的烙印。他认为车队需要留在渥太华，因为他不希望它只是昙花一现，没有促成任何实质性的变化。

事情进展得如此之快，迪克特没有很长时间来制定媒体策略，但信息很简单。"我们在这里只是为了结束强制，然后是疫苗护照。仅此而已。"他告诉我。他无法阻止其他别有用心或诡计多端的人发言，但他和组织者态度明确，这些人并不代表车队。

迫在眉睫的问题是鲍德和帕特·金。尽管鲍德协助制定了行程，但其他组织者对他的参与越来越警惕，特别是他不遗余力地利用车队来宣传他的谅解备忘录。金在脸书上向他的30万名粉丝直播宣传车队，他还在那里兜售阴谋论，如挑战大屠杀的死亡人数。在2021年12月的一个广泛流传的片段中，金对暴力革命浮想联翩，并鼓噪说COVID的限制只能"以子弹结束"。金辩称该评论被断章取意。[19] 在另一个视频中，金说早晚有人会让总理贾斯汀·特鲁多"挨枪子儿"，金后来声称这只是一个预测，而不是一种认可。金咄咄逼人的语气和肆无忌惮的讲话给支持和平抗议的运动带来了问题。

迪克特此前没有听说过金或鲍德，直到车队在前往渥太华的途中，他开始收到关于谅解备忘录的问题。金从来就不是一个组织者（尽管他无疑是早期的支持者），而鲍德则被其他组织者排除在很多讨论之外。两人都没有参与筹款活动，但迪克特认为他们都是责任人，并敦促该组织切断与他们的任何其它联系。

利奇和巴伯试图先发制人地向媒体和潜在的煽动者发出呼吁，称车队是一次和平、合法的示威。在1月20日的TikTok视频中，巴伯说，任何违反车队"规则"的人都会被淘汰。这些规则包括给紧急车辆让路，尊重执法部门，并保持和平。[20]

"现在，公众百分之百地站在卡车司机和……取消强制规定的一边。我们不希望失去这一点。当我们开始表现得像个混蛋时，我们就会失去这一点。"

利奇在1月23日的Facebook直播视频中更进一步，要求车队参与者告诉组织者任何非法、暴力或仇恨的行为，以便他们转发给警方，并断言"那不是我们"。[21]

尽管车队发出了明确的信息，并否定了像金这样的人，但迪克特认为他们不能依靠主流媒体来准确表达抗议活动、抗议者、甚或活动的原因。但他也不想把所有时间都花在防御上。

"我们的计划是攻击他们，"迪克特谈到主流媒体时说，"要揭露他们的真面目。一个阶段是无视他们，但关键是把他们摆到一个台面上，在所有人面前砍掉他们的头，让所有人看到完全按剧本制作、收买和付费的传统媒体发生了什么。"

多年来，保守派一直对主流媒体持怀疑态度，有时甚至是彻底的蔑视，特别是自从特鲁多政府为新闻机构推出一系列补贴计划以来，这种怀疑态度一直在增长。迪克特和大多数车队的支持者认为，媒体一心要为特鲁多捧臭脚，以至于卡车司机们的声音永远无法得到公正的传达。

迪克特很早就决定，他不会与他认为心怀鬼胎接近车队的媒体接触。他做了很多采访，但几乎都是独立记者或电影制片人，只有少数偏向保守的电视网络，如美国的福克斯新闻和 Newsmax 以及英国的 GB 新闻。这种策略意味着错误信息有时会在媒体上发酵，因为迪克特和其他发言人不屑于纠正。

"一旦我做出回应，我就进入了他们的叙述，就进入了他们的过滤器。"迪克特说。"他们的叙述和过滤是胡说八道，从一开始就应该被嘲笑和无视。我不打算踏入他们的圈子；他们会踏入我们的圈子。(这是) 我的做法。"

1月27日星期四，迪克特出现在福克斯新闻节目《塔克·卡尔森之夜》中，在一次简短的采访中，他不仅向国际观众公开了车队对疫苗强制接种和疫苗护照的反对意见，而且还引发了美国右派对车队的持续关注。[22]

第三章
前往渥太华

1月23日星期日黎明前，自由车队从第一站不列颠哥伦比亚省三角洲市（Delta）的一个卡车站出发，开始了前往渥太华的六天旅程。另一支车队不久后从不列颠哥伦比亚省乔治王子市出发。根据官方行程，西部车队主力在卡尔加里（Calgary）、里贾纳（Regina）、雷霆湾（Thunder Bay）、索特·玛丽（Sault Ste. Marie），最后在渥太华郊外的阿普里尔（Arnprior）陆续过夜，然后于1月29日星期六抵达国会山。在整个一周内，较小的队伍被安排与主要车队会合。来自其他路线，诸如加拿大海洋四省、安大略省南部和魁北克省的车辆将随着这一周的进展而出发。最初的宏伟愿景是让来自全国各地的所有卡车在同一天出现在渥太华。

GoFundMe活动在1月23日上午之前已经筹集了150万美元，然而，尽管塔玛拉·利奇和众筹公司之间一直在讨论，但没有任何一笔钱能提取出来。卡车司机和组织者自掏腰包，支持其他在燃料成本方面有困难的人。一般来说，每个省有两个路长，负责登记车队中的卡车司机。一些公路队长比其他人更有条理。财务委员会试图找到一种方法来识别谁在车队中，以便知道谁应该用捐款来报销，于是就有了路长这个职位。虽然理论上是好的，但由于大量未登记的车辆出现，该计划演变成不同程度的混乱。戴尔·恩斯（Dale Enns）是曼尼托巴省的两名路长之一，他负责登记加入车队的约100名卡车司机。恩斯本人是一名跨境卡车司机，周三从布兰登出发。像其他路长一样，他很快看到路上的车辆远远多于他登记的车辆。虽然由于 GoFundMe 的延迟，恩斯个人为一些卡车司机垫付了钱，但他说大多数司机对钱并不那么关心。他们只是想参与其中。

在三角洲市的启动仪式上，支持者们在天桥上为卡车司机欢呼，挥舞着加拿大国旗，举着写有"感谢卡车司机！"和"特鲁多卡车"（还有一个写着"Covid-19疫苗不安全！！"）的牌子。所有与我交谈过的司机都说这一幕是多么令人难忘和感动。正如一个人所说，在政府表示你因为没有接种疫苗而不配保住工作后，看到普通加拿大人为你欢呼，让人衷心铭感。三角洲天桥上的景象并不是孤立的。在不列颠哥伦比亚省坎卢普斯（Kamloops）以东不到 18,000 人的城市塞尔曼·安姆（Salmon Arm），几十辆汽车停在路肩上，支持者举着旗子和标语向穿过小镇的车队挥舞致意。这是旅程中随处可见的常态：天桥、路肩，甚至横贯加拿大的高速公路沿线任意一片田野都充满了人群，不畏一月间寒冷的草原天气，希望卡车司机知悉来自他们的支持。当车队经过时，在克里斯·巴伯的家乡萨斯喀彻温省斯威夫特·康特（Swift Current），有数百名支持者前来支持。原本，巴伯计划在他的卡车上安装一面倒置的加拿大国旗，以标志这个国家陷入困境。当他看到纷纷涌现的人群时，他确保国旗正立起来，因为这个国家及其公民正在奋发转向的景象让他倍受鼓舞。利奇对这一切一直难以置信。她在一个Facebook视频中说："我将一路哭到渥太华，我向上帝发誓。这是一个共同的主题。"利奇说，在车队之前，她从不是一个爱哭的人，当时涌现出来的支持让她每每难以自持。

周一上午，在梅迪辛·哈特的一个卡车站停车场，利奇第一次见到了巴伯本人。巴伯住在斯威夫特·康特的一个农场，他在那里经营自己的卡车运输公司。他刚刚拉完货回到萨斯喀彻温省，然后一路向西，在卡尔加里与车队会合，那里是第一个过夜站。巴伯在大部分行程中带领车队，但利奇的父母有幸在离开梅迪辛·哈特的路上带路。利奇坐在巴伯卡车的副驾位置，这样他们就可以继续与对方、路长和抵达渥太华的团队进行规划。利奇并不担心与一个陌生人在卡车上呆了五天，因为对她来说，巴伯已经不是一个陌生人。他们感觉像是一辈子的朋友。他们通过电话不分昼夜地交谈了至少十天，业已形成密切联系。其实在大多数情况下，在巴伯通过 CB 收音机进行定期交流、利奇持续的 Facebook 直播、少数媒体采访和与其他组织者的计划电话之间，利奇和巴伯实际上并没有那么多时间来交谈。

大多数卡车司机通过民用波段通话，但另一个沟通渠道是 Zello，一个通过互联网而不是无线电频率连接用户的对讲机电话应用。通过 Zello，人们可以在全国或世界的任何地方保持联系。Zello 的频道被车队的参与者和支持者挤得水泄不通，偶尔也有人捣乱（特别是在车队到达渥太华时）。有一次，该应用程序得到了加拿大名人的客串——乡村歌手保罗·勃兰特（Paul Brandt），他著名的翻唱歌曲"Convoy"，由于明显的原因，成为自由车队的非官方国歌。

"卡车司机们，我戴着帽子，以唱歌为生。加拿大乡村歌手保罗·勃兰特在这里。"他说。"我和我的妻子及两个孩子一直在听取消息，我们想说，感谢你们为捍卫公民自由所做的一切。你们正在激励着全世界，我们与你们站在一起。"

组织者告诉卡车和汽车司机要遵守道路规则，并尊重执法部门。巴伯、路长和警察在整个一周内经常相互交谈。一些组织者告诉我，警察私下里对车队及其目标表示支持。在途经的某些地方，警察为车队提供护送。在其他地方，他们在十字路口拦截交通，让车队不受干扰地通过。

* * *

虽然前往渥太华的旅程对车队的组织者来说是令人鼓舞和难以忘怀的，但这种积极性并没有阻止队伍中出现裂痕。车队的支持者和批评者都质疑利奇和迪克特关于鲍德的谅解备忘录，从法律上看，这份文件满纸胡言乱语，声称如果签署人足够多并发送给参议院和加拿大总督，就有权力触发解散贾斯汀·特鲁多政府。鲍德和布里吉特·贝尔顿因个人原因发生冲突。贝尔顿声称，鲍德想派一个纪录片摄制组拍摄她孙女的出生，并以此作为"上帝的礼物"为车队筹款。贝尔顿离开了领导团队，在鲍德道歉后她最终被规劝回来。鲍德不同意接受本书的采访，也没有回复要求评论的电子邮件，但在《多伦多星报》的采访中，他说他因为不喜欢和不信任帕特·金而离开了组织委员会。[23] 其他组织者对此提出异议，他们说鲍德的作用仅限于帮助设计路线和在 Canada Unity 网站上发布地图。金在跟随车队前往渥太华时，继续宣传车队，这让那些试图保持整个阵线积极统一的人感到沮丧。

"我们试图摆脱他，"迪克特谈到金时说，"我就说'塔玛拉，摆脱他吧。他会给你带来麻烦。他将使每个人陷入麻烦。他这人不长脑子。摆脱他吧。'"

利奇的魅力在很大程度上来自她的热情。每个人都喜欢她，她的工作是交朋友而不是树敌。当西部车队向东行驶时，呆在多伦多的家中迪希特其实不无沮丧，因为利奇没有像她的领导角色所要求的那样坚定和果断，尤其是在裁员方面。就利奇而言，她正试图建立一个运动，因此将人们拒之门外，至少在表面上会适得其反。在旅途中，她有几次向金提出关切，但他总是对一切都有解释。最后，她忍不住了，叫他回家。

"你需要看看你他妈的自负，如果你真的关心这场运动，你就不会去渥太华。"据称利奇于1月28日在萨德伯里对他说。

据两位了解谈话内容的人说，金泪流满面。组织者认为问题已经得到处理，金将返回阿尔伯塔省的家中。然而情况正相反，他继续前进，好像他和利奇从未谈过话。迪克特起草了一份关于金的正式声明，断言他不是组织者，发言只能代表他自己。利奇将其发布在自由车队的 Facebook 页面上，但在金的支持者的反击下，第二天就将其删除了，他们认为金被不公平地打入冷宫。迪克特说他"有点生气"，但理解压力。利奇最终重新发了一条对金的声讨。

***

就像卡车司机被他们在路边看到的支持者所激励一样，许多人也被卡车司机所激励。来自安大略省南部的管道工人大卫·佩斯利（David Paisley）听到了关于车队的传言，想亲自去看看。由于贝尔顿对日期的固执，安大略省的车队分成了两个车队，一个在星期四前往渥太华，另一个在星期五前往。派斯利得知星期四的车队沿着401公路向东穿过安大略省南部。中午下班时，他在谷歌地图上查找，并在圭尔夫的一个立交桥附近找到了一个停车场，他认为这将为他提供一个很好的停留地点，看看这到底是怎么回事。他不知道会发生什么，但他不断走近时，意识到这是一件大事。

"我经过其他一些天桥，不禁想'我的天啊，大事一桩。'"他告诉我。"我把车开到停车场，有很多人在排队。有的人在分发热巧克力，到处都有旗帜，有大横幅，很多人拖家带口。"

像佩斯利一样，他遇到的人都只是出现在那里，缺乏组织。安大略省的车队通常是最混乱的，尤其是在时间上。没有人知道会有多少辆卡车何时会经过。许多支持者等了好几个小时。很明显，他们在那里支持卡车司机和他们对疫苗强制的抗议，但派斯利也看到了一种社区意识的发展。

"很多人都很沮丧，但这是有史以来第一次……或者两年来第一次，他们有了希望。"

这是一种你期望在加拿大日看到的爱国主义水准，而不是在一月中旬的高速公路天桥上。派斯利知道他与卡车司机的关系不止于此。他回到家，整理了一个背包，第二天开车去渥太华加入他们。

派斯利的经历与达格尼·帕夫拉克（Dagny Pawlak）的经历相似，后者是一名 31 岁的前自由党竞选工作人员，与派斯利同一天出去招呼一些卡车司机。在过去的两年里，帕夫拉克一直积极参加抗议 COVID 限制和强制的团体。星期四上午，她和其男友与一群志愿者一起出去，在安大略省伦敦 401 公路旁的弗莱英 J（Flying J）卡车站为车队的卡车司机送去食物和其他物资。当她到达那里时，她看到无数志同道合的人。人们成群结队地带着毛毯、衣服、洗漱用品和大量的食物前来。原计划放下捐赠品后回家，但当她看到卡车和支持者挤满了卡车站的停车场时，她惊呼了一声。她告诉我，她只有身上的衣服，甚至连一件多余的衬衫都没有，但帕夫拉克放弃了回家的计划，转而去了渥太华。帕夫拉克和派斯利很快就成为自由车队的重要人物。两人在数周内都没有回家。

第四章
反响

　　车队立即受到广大加拿大人的欢迎，但媒体和大多数政客对其并不感冒。即使在车队的组织、筹款和基层支持不断增加的情况下，媒体的反应也很缓慢。早期的报道往往仅限于局部，主要是在特定地点动员的卡车司机群体，完全没有涵盖到车队的全国范围。加拿大广播公司不列颠哥伦比亚省分公司报道了一个小型车队抗议该省高速公路上的危险路况——从素里到温哥华，距离约 30 公里——同时忽略了在同一周末上路的规模更大、时间更长的反对疫苗强制的车队。[24] 除了 1 月 17 日 Western Standard 的一篇文章报道计划前往渥太华的"大规模车队"外，只有当塔玛拉·利奇的 GoFundMe 筹款接近七位数时，记者才开始关注。[25]

　　组织者在 Facebook 的帖子和直播、TikTok 视频和推文中明确表示，抗议活动是关于所有疫苗强制的，但这很少反映在主流报道中。《国家邮报》将抗议活动归结为对跨境卡车司机的疫苗要求。[26]《环球新闻》BC 省的一篇报道也是如此，该报道引用了一位专家的话，他对卡车司机的抗议感到困惑，因为他们在规定生效前就有时间接种疫苗，似乎车队只是针对这一通知本身而不是针对疫苗规定在根本上有失公正。[27] 主流媒体要么不了解车队，要么根本没有兴趣公正地描述它。较好的报道来自于一些车队组织者所在社区的小型独立媒体。萨斯喀彻温省韦本市有 10,870 人，离克里斯·巴伯的家乡斯威夫特·康特只有几小时路程,该市的新闻机构 Discover Weyburn 的一篇文章对车队议程的总结比加拿大三个国家电视网的任何一个都要好。它还介绍了组织者对反疫苗和反疫苗强制的区分。"我也要强调,我们不是反对疫苗,而是反对疫苗强制,我认为很多加拿大人对强制规定感到失望,政府告诉我们什么时候做什么,我认为我们对此已经受够了。"文章引用巴伯的话说。[28]

  批评车队的人,其主要弹药来自于加拿大卡车联盟(CTA)对该运动的谴责。代表数千名承运人和业主经营者的卡车运输业协会最初反对跨境强制,但很快就与车队保持距离。在 1 月 19 日的一份声明中,CTA 说它"强烈反对在公共道路、高速公路和桥梁上的任何抗议活动",并鼓励任何反对强制的人通过签署在线请愿书或写信给国会议员来表达他们的不满。[29] 几天后,CTA 更强烈地抨击了车队,声称"加拿大卡车行业的绝大多数人都接种了疫苗,卡车司机的总体行业接种率与普通公众的接种率相差无几。"[30] CTA 主席斯蒂芬·拉斯科斯基(Stephen Laskowski)告诉卡车司机,这项强制不会取消,而穿越边境的唯一途径就是"接种疫苗"。然而 CTA 说加拿大卡车司机的疫苗接种率与普通人相似,这是在自己打脸。事实上,他们早先的数字披露说,加拿大和美国的卡车司机作为群体的疫苗接种率都明显较低。在社交媒体上,一些车队的支持者称 CTA 和拉斯科斯基出卖了他们,并传播了加拿大选举委员会的记录截图,显示 CTA 数十年来对自由党的捐款,以及拉斯科斯基最近对自由党的竞选捐款。[31] 当拉斯科斯基与交通部长奥马尔·阿尔加布拉(Omar

Alghabra）和劳工部长西默斯·奥雷根（Seamus O'Regan）——前者是实施卡车司机疫苗强制的人——发表联合声明，促进疫苗接种，并承诺为改善加拿大人的状况和卡车行业而共同努力时，批评的声音日渐增多。³² 该声明没有提到车队，但时机并非巧合。

　　CTA 对车队的反对成为其他试图使该运动非法化的人的一张王牌。它被用来断言车队并不真正代表卡车司机，尽管卡车司机提出主张并且是抗议活动的核心。一些批评者指出，车队中最突出的面孔之一利奇并不是卡车司机。其他人则因她与特立独行党的关系而对她进行攻击。这个新成立的西部独立党以前叫 Wexit，有许多成员支持西部从加拿大分离出去。(利奇告诉我，她从来不是一个西部分离主义者，而是希望阿尔伯塔省在联邦内有一个更自主和独立的地位，类似于魁北克省）。特立独行党表示，其许多成员支持该车队，但该党没有参与组织车队，也与筹款活动没有关系。³³ 一家卡车新闻媒体指责利奇"有与激进团体交往的历史"，理由是她在特立独行党的董事职位以及她对 2019 年黄背心抗议活动的支持。³⁴ 贾斯汀·特鲁多总理的前顾问杰拉德·巴茨（Gerald Butts）分享了 TruckNews.com 的文章，毫无根据地暗示对车队的捐款将被用于邪恶的目的。"一个阿尔伯塔省的分离主义者在 GoFundMe 页面上募集了近一百万美元，以'支持'卡车司机的抗议活动，"布茨在推特上说，³⁵ "这些钱会流向哪里？"

　　当任何有电脑的人都清楚车队会有多大的规模时，攻击开始了。正如布茨所做的那样，挑起人们对钱的怀疑是一种策略。当 GoFundMe 作为其对大型筹款活动的标准尽职调查的一部分，在与利奇确认资金如何分配时暂停了捐款发放，情况就变得更加严重了。其他人则抓住车队参与者互不买账的细节，如詹姆斯·鲍德和帕特·金，尽管组织者一再与金保持距离。加拿大反仇恨网络（Canadian Anti-Hate Network）自称是"仇恨团体和仇恨犯罪"的监督者，在1月底发起了对该车队的讨伐，称其为"极右派的工具"：

> 他们说这是为了卡车司机，并在 GoFundMe 上筹集了 600 多万美元。但如果你看看它的组织者和发起人，你会发现伊斯兰恐惧症、反犹太主义、种族主义和暴力煽动行为。[36]

该组织的文章主要侧重于批评金，以及另一位直播者德里克·哈里森的言论，因为他呼吁"加拿大自己的1月6日事件"，意指像2021年华盛顿特区的国会山事件。哈里森没有作为组织者参与车队，他说他想看到一些卡车司机直接冲破议会山周围16英尺的围墙。加拿大反仇恨网络有大量政府资金资助的研究和宣传，在媒体报道中经常是唯一的消息来源，声称车队的领导人中有"极右"或"极端主义"分子。在谷歌新闻中搜索该组织的名字，可以找到799篇与车队有关的文章，其中许多文章重复指责"仇恨"催生了车队。

1月25日《环球新闻》的一篇文章紧紧抓住"1月6日"这一说法。这篇文章是一篇从社交媒体评论区的渣滓中摘取的最令人不快的错误信息的大杂烩，而不是任何材料的代表样本。[37] 几天后，《环球新闻》又发表了一篇文章，"一些卡车司机车队的组织者有白人民族主义和种族主义的历史"。这篇文章针对的是车队发言人本杰明·迪克特在 2019 年的一次演讲，他批评了"政治伊斯兰主义"，这种激进的意识形态试图围绕伊斯兰法律建立国家和政府。[38]《多伦多星报》一天前发表的一篇文章也引用了加拿大反仇恨网络的观点，内容是车队的一位路长发布的 TikTok 视频，其中有奥丁战士（The Solders of Odin）的标志，这是一个与新纳粹组织有关的芬兰反移民团体。[39] 有几个例子表明，在车队的大范围内，有人发表了令人担忧的评论，或者有令人怀疑甚至不安的某些联系，但值得注意的是，媒体是如何把例外当作常规的。尽管利奇、巴伯和迪克特对极端主义和暴力进行了明确和持续的谴责。

组织者对他们已在预料之中的阻力并不担心。他们告诫支持者不要参与争论，要关注车队背后的积极势头。负面的新闻报道并没有阻止人们在天桥上支持卡车司机，或在社交媒体（特别是 TikTok 和 Instagram）上分享车队的图片。如果有的话，这些负面报道只会促使人们自己去调查。当他们这样做时，他们通常发现是正常人在挥舞着加拿大国旗，谈论着自由，而不是《多伦多星报》声称的那种仇恨和种族主义。抗议者对大多数媒体缺乏信任并非没有根据。

新斯科舍省出现了对车队过度政治反应的第一个迹象，在卡车前往渥太华的那几天，该省采取了前所未有的措施，禁止"人们在 104 号公路、新斯科舍省-新不伦瑞克省边境或科比乌德山口收费区停车或聚集，以支持 2022 自由车队"。部长指令还威胁要对任何帮助"募资、组织、协调或鼓励封锁公路的人进行罚款。"[40] 新斯科舍省后来将其禁令扩大到所有公路。指令发布之时，车队已经通过了新斯科舍省，所以这是一个没有实际意义的举措，但表明了政府不会坐视不理的态度。

＊ ＊ ＊

车队最高调的批评者无疑是总理贾斯汀·特鲁多，他在 1 月 26 日的新闻发布会上首次承认了这一点，两天后，第一批卡车停在了他位于渥太华市中心惠灵顿街的办公室前。特鲁多声称接近 90% 的卡车司机都接种了疫苗，而对其余人的蔑视斥责堪称臭名昭著：

> 那些正在前往渥太华的少数边缘群体，持有着不可接受的观点，他们的表达并不代表加拿大人的观点，真正的加拿大人一直在相互支持，遵循科学并站出来保护彼此，持续确保我们的自由、我们的权利、我们作为一个国家的价值观的最佳途径。

当天晚上，少数边缘群体（#fringeminority）在 Twitter 上成为热门话题，加入了其它与车队相关的标签，这些标签已经在社交媒体上占据主导地位数日。尽管特鲁多在 9 月的一次采访中把反疫苗强制的抗议者说成是种族主义者和厌恶女性者，但他的"少数边缘群体"论断更受关注，就像希拉里·克林顿在 2016 年把川普的选民说成是"一帮可怜虫"一样。车队的支持者们对这种攻击坦然接受，他们其实感到好笑而不是愤怒。在某种程度上，这是因为他们可以环顾四周，看到这个运动既不小也不边缘。正如组织者布里吉特·贝尔顿告诉我的，当卡车司机在前往渥太华的每段路程都看到成千上万的人在天桥上和路边为他们加油时，很难把"边缘"的标签当真。曼尼托巴省的一位路长戴尔·恩斯认为这很搞笑，"（特鲁多）竟然这么说，你开车在路上看看，有多少人出来为我们加油，支持我们。"恩斯说。"他才是边缘的少数派，因为我敢说更多的加拿大人支持我们而不是支持他。"恩斯补充说，更重要的是，关于自由的表达没有任何"不可接受"的地方。

如果之前他还不是的话，这回特鲁多的言论确保他成为车队故事中的反派。很多车队支持者抱有希望，认为他们会在渥太华得到总理或至少其政府中某位要员的接待。其他人知道这并不容易，这就是为什么他们计划坚持到强制完全消失。

对加拿大保守党会给予同情的乐观预期也落空了。在特鲁多将车队诋毁为不可接受的边缘少数群体的几天前，保守党领袖艾林·奥图尔（Erin O'Toole）未能就他是否会在渥太华与卡车司机会面，或者他是否支持他们的目标给出明确的答案。在一次回应中，奥图尔说加拿大需要"解决供应链危机"和"鼓励接种疫苗"。另一位记者问他是否支持车队，他说："我支持让尽可能多的人接种疫苗，包括卡车司机。"随后，其他记者试图得到明确的答复，但同样没有成功。奥图尔曾公开反对对跨境卡车司机进行疫苗强制接种，他支持快速检测等替代方案，但他的发言一般都集中在对供应链的威胁上，而不是疫苗强制接种到底公不公正。在车队为结束所有强制措施而斗争之际，奥图尔只对卡车司机的强制措施进行扭扭捏捏的批评并没有赢得任何人的支持。

在第七或第八次尝试回答时，他说"反对派领导人……不应该参加国会山的抗议活动或车队"。(事实上，政治家们一直在参加国会山的集会。）不久之后，奥图尔在接受 CTV 采访时更加摸不着头脑，承诺将与"卡车司机和业界"会面，但绝口不提车队中的卡车司机是否会成为会面的对象。

　　除了几个后座议员，联邦保守党在整个大流行病期间对封锁、疫苗强制和疫苗护照等问题普遍保持沉默，这一沉默一直持续到 2021 年的联邦选举。在那次竞选中，奥图尔在很大程度上回避了关于结束限制的问题，声称这些问题属于省级管辖，因此不是他的问题。当特鲁多提议对航空和铁路旅行以及公务员就业实行联邦强制措施时，奥图尔反对这些措施，但更多地是指责特鲁多将疫苗接种政治化。尽管如此，包括卡车司机在内的未接种疫苗的加拿大人的感觉是，官方反对党并不代表他们。

　　然而，卡车司机的疫苗强制将成为保守党的一个转折点。它给了他们一个可以用来对付自由党的楔机。具有讽刺意味的是，特鲁多在这场大流行中，一直不断强调基本工人的重要性，特别是卡车司机，使其批评者有了合理合法的逻辑立场。例如，在 2020 年 3 月，他在推特上发表了一篇关于"卡车司机日夜工作以确保我们的货架上储备无虞"的赞美文章。"[42] 他请求加拿大人"感谢卡车司机所做的一切，并尽你所能帮助他们。" 当车队上路时，他们在广大加拿大人中得到了普遍的支持，来自保守党基本盘的支持更是空前一致。奥图尔拒绝支持车队，这让几位保守党议员感到沮丧。

　　在 1 月 24 日的新闻发布会上，奥图尔未能就车队的问题给出一个直接的答案，不到一个小时，阿尔伯塔省保守党议员马丁·希尔兹（Martin Shields）在推特上发布了一段自己站在国会山百年圣火纪念碑旁的视频，分享他如何"热切地"等待在渥太华迎接卡车司机的机会。萨斯卡通保守党议员凯文·沃夫(Kevin Waugh)出去迎接一些正要加入车队的卡车司机，在其中一个车窗上贴有"结束强制"字样的卡车司机身边合影。阿尔伯塔省保守党议员尚农·斯塔布斯(Shannon Stubbs)被奥图尔排挤到议会后座，她恳求她的推特粉丝"尽我们所能来表示我们对车队的支持"，而前保守党领袖安德鲁·谢尔(Andrew Scheer)在推特上感谢卡车司机，谴责杜鲁多对"个人自由"的攻击。到了第二天，奥图尔似乎是保守党核心党团中唯一不支持卡车司机的人。最关键的是，他自己的副领导人、曼尼托巴省议员康迪斯·伯根（Candice Bergen）也发表了一份支持车队的声明。

由于他在 2021 年的投票中表现不佳，奥图尔已经在其党内如履薄冰，许多人将其归因于他未能将自己的政策与执政的自由党的政策区分开来。他不愿意支持车队，这成为压垮他自己的最后一根稻草。

1月26日，奥图尔在《多伦多太阳报》上发表了一篇专栏文章，他办公室的一个消息来源说，该文章旨在表明对车队的支持。这可能是真的，但奇怪的是，它没有包括"车队"这个词，而且有一种可惜的语气。他写道："和你一样，这些卡车司机在过去两年中经历了很多（原文如此），"[43]"所以你们可以理解他们为什么要抗议，我知道你们可以。加拿大人是有同情心和爱心的。这是我们的天性，特别是当我们亲眼目睹这么多人的悲痛和手足无措。加拿大人有权利发表意见，不仅仅是在选举中，而是在任何时候，特别是在这些特殊情况下。"接着，奥图尔用了几段话未指名道姓地抨击那些"利用卡车司机的困境来挑拨离间并推进他们错误主张的团体"，然后恳求卡车司机进行和平抗议。

在这篇专栏文章发表的第二天，奥图尔终于赶上了他所在政党的步调，发布了一段视频，谴责卡车司机的疫苗强制，支持和平抗议的权利，同时指责特鲁多和自由党试图"妖魔化"卡车司机。一天后，他发布了一张自己与卡车司机会面的照片，他说自己正在前往渥太华的路上。对于那些参与车队的人来说，这些姿态太小儿科，太晚了。前保守党候选人迪克特对保守党不抓住这个容易取得政治胜利的机会感到恼火。"我们为保守党提供了完美的机会，但他们却没有采取行动。"他说。"他们一直在这样做。一次又一次，把自由党从悬崖边推开而化险为夷。而这是最鲜明的例子。"

奥图尔对车队的拥抱对其党内的人来说也太晚了。在幕后，保守党核心党团的成员正在磨刀霍霍。奥图尔将成为车队运动唯一的政治牺牲品。

第二部分
街头派对

第五章
欢迎来到渥太华

我一到渥太华市中心，就发现这不是我熟知的那个城市。2009 年夏天，我住在渥太华，在国会山做实习工作。我对这个城市最大的不满是它的一派昏然睡意。而现在这个渥太华喧嚣无比。国会山到处充斥着人群和卡车，喇叭声持续不绝。不是定期响起，而是持续不绝。从我入住酒店房间到最终入睡，只有不到一分钟的时间没有喇叭声的慰藉。相比之下，卡车的引擎听起来很安静。即使作为一个享受这一切的人，喇叭的新鲜感也很快消失了（对组织者来说也是如此，我后来知道）。大事正在发生，我需要到现场去看看到底是怎么回事。

我于 1 月 28 日星期五到达，即车队正式出发的前一天。我（愚蠢的）原计划是开车到渥太华报道车队的到来。我提前几天想好了，改成了飞过来。我没有信心能把车开进市区，更没有信心能在周末把它开出来。我的出租车司机起初对开车送我去酒店持谨慎态度，因为渥太华警察局警告说，不要在市区内进行不必要的出行。(他正在收听 CBC 电台，这可能是他害怕靠近卡车司机的原因之一）。他最终同意了，但前提是他可能无法赶到我周末住的喜来登酒店。我选择这个住处是因为它离国会山很近，我知道寒冷的天气会让我来回取暖。幸运的是，阿尔伯特大街上的交通仍然畅通，所以我不需要像司机建议的那样带着行李徒步走过几个街区。

和街道上的情况一样，我到酒店时，那里也很热闹。前台人员告诉我，周末所有的房间都被预订了——这是该酒店自大流行病发生之前就没有过的情况。当天晚上，我的"快门"（DoorDash）晚餐订单花了很长时间才送达，很明显，街上很快就人满为患了。我注意到的第一件事是，渥太华的口罩强制似乎已经形同虚设了。我没有看到一个戴口罩的酒店客人。一个前台职员尽职尽责地试图向新来的人和聚集在大厅里的人发放口罩，但很快就放弃了。卡车司机们正在接管一切。

* * *

车队本应在周六驶入渥太华，在第一批车队从不列颠哥伦比亚省的三角洲市出发后近一个星期。来自加拿大东部、魁北克和安大略西南部的其他队伍将在同一天汇合。最初，各车队计划在城外集合，然后一起开进城，但由于天气、交通延误和庞大的卡车数量，随着时间的推移，他们的行程越来越不可靠。这场活动在基层积累了巨大的动力，以至于卡车司机和其他抗议者自行出现在渥太华，渴望占据惠灵顿街的黄金地段——尽可能靠近国会山。一位组织者向我承认，这个周末是一个"后勤噩梦"。反过来说，这并不是一件坏事。许多卡车司机本来就想扰乱这个城市，所以交通堵塞只会让车队更加引人注目。由于官方行程的延误，在议会山拥有最突出位置的卡车司机往往都是独行侠。

虽然组织者已经非常清楚，他们不打算离开渥太华，直到加拿大没有疫苗强制和疫苗护照，但警察和渥太华市政府官员要么没加在意，要么认为他们是在虚张声势。周三，市长吉姆·沃森（Jim Watson）说，市政府不知道有多少人要来，也不知道他们会呆多久。[44] 到了周五，情况更趋复杂，渥太华警察局长彼得·斯洛利（Peter Sloly）表示，示威活动"将持续到周末，并可能持续到下一周。"[45] 国家首都地区指挥中心的一份内部备忘录，即联邦、省和市政府之间的情报共享工作，预测车队将"不晚于"2月2日即星期三离开。[46] 渥太华的一份备忘录指责抗议活动的组织者误导了警方的计划，但我采访的所有车队负责人都告诉我，他们对警方和对社交媒体的受众一样坦诚：只要需要，他们就会在那里。然而，警方还是与车队进行了合作，在某些情况下甚至超过了组织者的预期。

事实上，在车队抵达之前，与组织者保持密切联系的警方官员提供了附近的停车场，作为溢出场地供卡车司机使用。这是在雷蒙德·查博·格兰特·桑顿（RCGT）公园，渥太华东区的一个棒球场，距离国会山约6公里。1月26日，一名警方联络官给车队的一名组织者发短信，告诉他警方已经"确保"了该地块供车队使用；该地块将被称为考文垂，以其所在的道路命名。根本没有讨论过停留时间的问题。(也就是说，使用该体育场的棒球队的老板说，警察问他是否可以提供给车队使用一个周末)[47] 卡车司机们把停车场变成了一个固定的营地，作为车队的集结地和燃料库。组织者确保派出了几辆冷藏车——带有冷藏拖车的卡车——到现场储存食物，不过连提前购买再加上捐赠的食物，冷藏车很快就容纳不下了。

在第一个周末的星期五,每个人都把国会山周围的停车规则仅仅当作是建议。真正的停车位在周五早上已经被填满,因为抗议者源源不断地涌入城市,这就需要为那些希望留下来的人提供更具创造性的解决方案。车队的卡车最初将惠灵顿街减少到单向一条车道,但到下午 2:30,他们已经填满了从里昂街到埃尔金街五个街区的所有车道,只留一条用做紧急通道。在一个小时内,像银行和梅特卡夫这样的南北街道也关闭了。警方限制了一些街道的通行,但关闭大部分街道的是卡车司机。没过多久,渥太华的核心地带就像一个卡车停靠站,而抗议活动才刚刚开始。

渥太华警察局建议当地人避开市中心,以避免交通堵塞,没有强调其他任何原因。[48] 街上随处可见警察,尽管数量不如人们想象的多。他们对抗议活动采取了温和的态度,相比其它情况,他们更注重保持紧急通道的畅通。(这也是车队组织者的共同目标,他们中的许多人都有应急反应的背景)。一些警察甚至指挥引导一些卡车就位,包括就在惠灵顿街那里。渥太华警察局的主要关注点是防止暴力抗议,而不是阻止建立一个半永久性卡车停靠点。它向抗议者发出的主要信息是保持和平。

我在周五看到的大部分车牌来自安大略省和魁北克省,还有一些来自更远地区的车辆加入。

* * *

到了周六,卡车和汽车不仅挤满了国会山周围的街道,而且挤满了渥太华市中心的大部分地区。抗议活动向各个方向蔓延,包括东边的里多街和西边的约翰·A·麦克唐纳公园大道。没有被车队的卡车和汽车填满的街道被警察路障封锁。在城外 Arnprior 的一个卡车站过夜的车队车辆全天前来，其他车队的支持者也络绎不绝。找不到地方停车的车辆开来开去，挥舞着旗子，按着喇叭。还有一些人把车停在远离核心区的地方，搭车进入主要抗议地点——往往是搭陌生人的车。其中一个人告诉我，汽车上的加拿大国旗就是"出租车"的同义词。

正如人们对一月份的渥太华所预期的那样，天气并不完全适合户外集会——灰暗而阴沉，温度为零下 20 摄氏度，但这并没有阻止人们追随和欢迎新来的人。

第一批在惠灵顿街设点的卡车之一是安德烈·兰德里（André Landry）。兰德里和他的妻子安（Ann）在周五中午左右从魁北克抵达，直接在和平塔前停车。他将携卡车在渥太华停留数周。星期六那天，他是一个多产的鸣笛者，每次他吹响气喇叭都会引起人群的欢呼。他指着那个周末聚集在国会山的 18000 人，告诉我说，他支持那边的人民。作为一个未接种疫苗的卡车司机，人们在那边也正是在支持他。

人们举着支持自由的牌子，反对疫苗强制接种，并对贾斯汀·特鲁多发表诸多不恭敬的评论。除了加拿大国旗之外，黑色的"去他妈的特鲁多"旗帜似乎是最受欢迎的。"这是两年来我第一次为悬挂这面旗帜感到自豪。"一位妇女告诉我关于她的加拿大国旗。

这是一个共同的主题：一些人告诉我，车队恢复了他们对加拿大的信心。透过柴油机的废气，空气中弥漫着一种希望，这比媒体在车队报道中描述的愤怒要明显得多。人们不只是为了恢复正常而抗议，而且表现得好像正常生活已经回来了。在当时的许多省份，未接种疫苗的人被禁止进入公共场所，包括餐馆和健身房。对于未接种疫苗的抗议者来说，这是一段时间以来他们第一次能够在不违反法律或不觉得自己是贱民的情况下自由社交。

　　一名志愿者告诉我，对那里的大多数人来说，这是几年来第一次有机会让他们放下警惕。他说："（成千上万的）人聚集在一起，他们从不认识，一丁点儿也不了解对方。但每个人都互相尊重。他们彼此相爱。他们分享自己的一切。没有评判任何人。甚至没有人谈及新冠病毒。没有人谈及口罩。他们不在乎你是否戴着口罩。他们不在乎你是否注射了疫苗。只是言论自由。没有任何评判。这很令人惊讶。我一生中从未接触过如此多的爱。"

　　街上不时可以看到闪亮的曲棍球和打雪仗的人们。到了晚上，人们欢欣舞蹈，直到深夜，DJ 的音乐在临时舞台上放声狂飙。时而，一大圈人在原住民鼓手和节奏随机的卡车喇叭的伴奏下，手拉着手在"我们是世界"的歌声中漫步而行。

　　在大多数情况下，这是一个没有人关心疫苗接种状况的空间，人们互相接纳对方的到来。一个例外是，有人在人群中穿行，向在他面前从手机上删除疫苗护照的人提供大麻烟。如果他们没有护照可以删除，他就会给他们两根大麻烟。几位示威者在标语上或交谈中公开表示自己已接种了疫苗，从而打消了人们普遍认为这是一次反疫苗抗议活动的说法。有几块牌子以阴谋论的理由瞄准了 COVID 疫苗（比尔·盖茨，5G，随便你怎么说），但这些往往是例外。它是关于强制的，而不是疫苗本身。引起我注意的一个牌子是"完全打过疫苗/少数族裔/支持堕胎/反对强制"。拿着这个牌子的是一位来自安大略省史密斯瀑布小镇的妇女。当我问她是否是政治上的保守派时,她使劲地摇了摇头。她不是右翼分子,当然也不是种族主义者、厌恶女性者、白人至上主义者。但她强烈反对特鲁多对那些像她一样只是反对强制接种疫苗的人进行恶意攻击。

人群的多样性尤其值得注意。魁北克省的旗帜与阿尔伯塔省的旗帜一起飘扬;土著人的旗帜与加拿大的旗帜一起飘扬。魁北克省当时提议对未接种疫苗的人征税,他们甚至被禁止在大型零售店购物。"J'veux aller au Canadian Tire"(法语:"我想去Canadian Tire"。Canadian Tire 是知名的用品店——译注)一个典型的加拿大标语如此宣称。一般而言,原住民比非原住民更不愿意接种疫苗,这使得他们受到疫苗强制的影响更大。从我与原住民抗议者的一些谈话中,他们与其他示威者一样,对政府控制个人决定,特别是医疗决定深表怀疑。

周末的开幕式上较受欢迎的发言人之一是诺伊琳·维勒布伦(Noeline Villebrun),她是来自黄刀镇(Yellowknife)的前德内(Dene)族酋长和部族母亲,她专程来到渥太华,在平板车舞台上致以原住民的祝福。"以我们在这个舞台上所展示的真心,我们感谢你们,"她说,塔玛拉·利奇就在她身边。"因为这就是这个运动的意义所在。一颗真心。而这意味着什么呢?这意味着爱、理解、接纳和宽容。而当我们有了这些,我们就会接受并尊重彼此。"

我在推特上分享了维勒布伦讲话的简短片段,很快就积累了超过 12,000 个赞,一长串的回复指出了一个有趣的并列现象:一个原住民部落的母亲为一个被总理和一些主流媒体集体认定为一群极端分子的团体送上祝福。

* * *

虽然克里斯·巴伯和路长们负责把车队带到渥太华，但谁也不知道他们到达渥太华时，这个城市会如何反应。对车队来说，幸运的是，一个抵达委员会已经被敲定。随着卡车的临近，它被动员起来并迅速扩大。当巴伯和利奇在星期五晚上到达渥太华市中心时，他们对等待他们的一切不无震惊。一个由渥太华本地人组织起来的团队在瑞士酒店设立了行动中心，这是一家隐藏在主要街道之外的精品旅馆，位于国会山以东的几个街区。车队接管了该酒店，在其地下室日夜运作。渥太华的工作人员原本打算将地下室作为一个会议场所和集结点，但它变成了一个 24/7 的指挥中心，里面有电脑、冰箱、地图和一个志愿者餐饮店。组织者甚至安装了一个调度程序，以方便 100 名志愿参加车队的医护人员和安全小组成员的沟通和位置追踪。所有这些都是在六天内完成的。

克里斯·加拉（Chris Garrah）在车队抵达渥太华前的行动中发挥了领导作用，他发起了"领养卡车"倡议。他在渥太华的核心团队包括前加拿大皇家骑警丹尼·布尔福德（Danny Bulford）、一名信息技术专家和一名护理人员，以及约 400 名志愿者。虽然车队最初的 GoFundMe 活动已经筹集了数百万美元来支付参与者的燃料费用，但加拉和他的妻子希望确保其它需求——如住宿、衣服和食物——得到满足。这最初是通过使用电子表格将个别卡车司机与个别捐助者配对来完成的。这种方法既没有效率，也无法扩展，因为人们不断地从树林里出来，提供空闲的房间、膳食、酒店积分等等。因此，加拉在美国基督教众筹网站 GiveSendGo 上发起了"收养卡车司机"筹款活动。它筹集了几十万美元，这些钱用于支付诸如瑞士酒店的电脑、对讲机、医疗设备、便携式厕所、为外地志愿者提供的一些酒店房间等设置成本，还有几场烧烤和 24,000 个热狗。

"我们只是基本上确保他们有淋浴，为他们提供食物、住所、袜子、内衣、牙膏——任何我们可以提供的东西。"加拉说。"我们有一个团队夜以继日地从事这项工作。"

事实证明，热狗的支出是不必要的。在接下来的三个星期里，人们会带着食物不停地出现，其数量之多，让抗议者无法快速吃完。据几位组织者说，无家可归者收容所将多余的食物拒之门外，因为这些食物甚至对他们来说都太多了，无法分发。

* * *

车队在渥太华的第一个周末并没有制定一个严格的计划。一些与车队组织者无关的人，如加拿大人民党领导人马克西姆·伯尼尔（Maxime Bernier），安排在渥太华市中心发表演讲和举行集会。但抗议者自然希望有自己的娱乐活动，这就是主舞台的用武之地。

巧的是，一辆带吊车的平板卡车停在惠灵顿街和梅特卡夫街路口的显眼位置，离特鲁多的办公室仅一箭之遥，就在中心街区前面。这辆卡车成了舞台，吊车上挂着一面加拿大国旗，作为车队的集结点。(有一次，一位记者把吊车上的重物误认为是一个破坏球，她认为这可能会威胁到总理办公室所在的大楼)。

贝森·诺德维尔（Bethan Nodwell）知道舞台将是一个焦点，所以她想在音响设备上全力以赴。2021年8月，诺德维尔因医疗系统对Covid的处理而辞去了她在魁北克省韦克菲尔德市的护士工作。几周后，她所在的省份宣布了一项针对医护人员的疫苗强制，这无论如何都会危及她的工作（当魁北克面临未接种疫苗的医护人员大量出走时，魁北克最终撤回了这一决定）。诺德韦尔需要扩音器，以便在卡车喇叭声、柴油发动机声和大风呼啸中向数千人投射。她还想要一个供媒体使用的立柱。在诺德韦尔的要求下，"领养卡车"租用了价值4万美元的设备。（不久，他们又花了数千美元在舞台后面租用了一个巨大的视频屏幕。）

在第一个星期六的早上，警察不让音响设备通过他们的围栏。组织者被告知他们没有正确的许可证，尽管他们已经获得了国会山的抗议许可证。前加拿大皇家骑警布尔福德试图进行谈判，但无济于事。诺德韦尔了解到，新蓝党(New Blue Party)，一个由吉姆·卡拉利奥斯(Jim Karahalios)创立的安大略省新起的中间偏右的政党，在马杰山公园(Major's Hill Park)安排了一些发言人，这是劳里埃城堡酒店后面的一块绿地，可以看到国会山。诺德韦尔带领一群人来到公园，并传出消息说庆祝活动将移到那里举行。然而，人流大多是朝相反的方向——国会山那边——这促使新蓝党将其音响系统移到平板卡车上，供车队的组织者使用。

吊车舞台吸引了所有想要蹭派对热度的人——而且这样的人很多。组织者总是强调，他们希望车队是无党派的，不希望政客们加入到运动中来。这一请求在几个小时内就被证明是无法执行的。卡拉哈里奥斯（Karahalios）想发言，因为他的政党捐赠了音响系统；与之竞争的安大略省党的领导人德里克·斯隆（Derek Sloan）想发言，因为卡拉哈里奥斯想发言；伯尼尔想发言，因为人民党以前是唯一一个反对疫苗强制的联邦政党。活动继续进行。组织者欢迎其他计划外的发言者。Rebel News 的创始人伊斯拉·黎凡特（Ezra Levant）就独立媒体的重要性发表了慷慨激昂的演讲，尽管是即兴发挥；福音派的影响者劳拉－林恩·泰勒·汤普森（Laura-Lynn Tyler Thompson）在人群中得到了她的机会；持不同意见的医生也是热门人选。诺德韦尔，由于她的护理背景，本来要作为医疗人员帮助车队，但她很快就成了舞台管理员，原因不外乎是她在明显需要的时候负起了责任。

没有楼梯可以登上舞台——这是又一个车队开幕的那个周末常常就地取材简便行事的现实明证。志愿者们争先恐后地寻找板条箱来制作一些临时的台阶。一个更有效的方法来自于消防员——有几十个志愿服务者，许多人因为疫苗强制而被解雇——他们轮流将人们抬上和抬下舞台。(一位妇女告诉我，她排队发言只是为了得到"英俊的消防员"的鼓舞。)

诺德韦尔在交出话筒之前，询问了每个潜在的演讲者的发言要点。她想剔除一些疯子，但由于这是一场草根运动，她几乎让任何想发言的人都能发言。(这后来在她和其他组织者之间引起了一些摩擦，特别是当她让帕特·金上台发言时。)

周日上午，舞台上举行了一场礼拜仪式，由来自安大略省艾尔默的著名反封锁牧师亨利·希尔德布兰特(Henry Hildebrandt)和魁北克牧师卡洛斯·诺巴尔(Carlos Norbal)主持，后者将希尔德布兰特的布道和祈祷翻译成法语。当人群祈祷完毕，他们开始高呼："自由！"

* * *

礼拜仪式结束后不久，本杰明·迪克特、利奇和巴伯在瑞士酒店的一间客房里举行了一场临时的新闻发布会。迪克特策划了邀请名单，只允许一小群独立的和保守派的记者参加，包括《反信号报》（Counter Signal）的基恩·贝克斯特（Keean Bexte）（后来一家主流媒体未经许可使用了他的新闻发布会视频），《国家电讯报》（National Telegraph）的一名记者，以及《国家邮报》(National Post)的专栏作家鲁帕·苏布拉曼亚（Rupa Subramanya）。我也在其中。我当时不知道这不是一个公开的新闻发布会，尽管迪克特告诉聚集在一起的记者，传统媒体被禁止参加，因为他们贯于编造关于车队的假新闻故事。"我们知道，如果我们邀请了《多伦多星报》、《加拿大广播》——所有这些主流新闻机构——他们会像往常一样……带着五个人进来，举着这些巨大的摄像机，占据一半的地板空间，欺负其他所有人。这不是我们要做的。我们要做的是大家走到一起，互相交谈，回答任何问题。"他说，组织者会给他们的媒体客人"世界上所有的时间"。

迪克特承认，组织者不知道有多少卡车司机在渥太华或在路上。他公开表示，这些卡车不会去任何地方。"它们专为上路而策划……无限期，"他说，"只要你继续给它们加油，它们可以在那里呆上几周或几个月。而现在我们有，什么，800 万美元？所以价值 800 万美元的燃料。我不知道，2023 年？2024？"

第六章
安营扎寨

尽管车队的成员都是草根蓝领，但却是一个非常复杂非比寻常的行动。车队的许多领导人和主要志愿者都是现役或退役的士兵、警察、医生、护士和护理人员，他们中的许多人因为疫苗规定而失去了工作。政府因未接种疫苗而解雇这些人，无形中制造了一个拥有专门技能、有大把时间可以消耗，一直心怀不满伺机而动的广大群体。

"这些人中有很多人接受过事故管理、危机管理、特殊事件管理方面的培训。"车队律师基思·威尔逊说。"他们复制了他们所受训练要求的每一件事，他们走到一起的方式非常了不起。所有这些几周前互不相识的人都像一台上了油的精良机器一样工作。"

我采访的几位组织者用战斗类比和战术语言来描述他们的行动。汤姆·马拉佐（Tom Marazzo），一位前加拿大武装部队上尉，被其他组织者和领导人昵称为陆军汤姆，他有一张渥太华市中心的庞大地图，在上面规划紧急路线和卡车移动方案，就像在组织对一个战区的进攻。有一段时间，安全小组坚持要求人们在开会时把手机放在会议室外的一个盒子里，并清扫房间以防窃听。他们从未发现任何窃听器，但一些组织者确信加拿大皇家骑警或加拿大安全情报局在监视他们。塔玛拉·利奇一度换了酒店，因为她看到一个摄像头从马路对面的办公楼对准她的房间。(她认为这很可能是一个记者,但无论如何,她都不想去处理这个问题)。

团队领导人每天早上在他们的主要总部——瑞士酒店开会,互相通报前一天的进展和未来一天的行动项目。房间里热闹非凡,安全主管丹尼·布尔福德在瑞士酒店负责调度,首席医生也在那里工作。有一个 IT 工作台,负责管理车队的网站和数字基础设施;它需要定期抵御外来的网络攻击。社交媒体和媒体关系最初是在瑞士酒店之外运行。还有一个"情报"部门,负责过滤和转发来自警方和军方的信息,以及政治上的联系。(一位组织者声称,他们提前一周就知道了一些关键的政治发展情况)。财务团队的总部也设在瑞士酒店,使用点钞机、账本和信封处理数不清的现金捐款,并将钱分发给卡车司机。

* * *

随着街头抗议活动的增加,幕后的组织必须不断发展,以应对不断增加的后勤、财务和法律挑战。1 月 28 日,GoFundMe 向车队组织者发放了 100 万美元,他们对将这笔钱专门用于卡车司机燃料的计划感到满意。到 2 月 2 日,该活动筹集了 1000 万美元,塔玛拉·利奇、车队财务委员会和众筹平台继续就其余捐款达成协议。GoFundMe 将第一笔钱转入利奇在道明银行的一个个人账户。她还收到了另外 40 万美元的 Interac 电子转账,直接从捐助者那里转入另一个账户。她设法提取了 26,000 美元用于燃料和杂费。[49] 然而,在 GoFundMe 的一百万美元出现后不久,道明银行就冻结了这两个账户，然后申请法院命令，允许银行扣押并退还账户中的钱。[50]

车队的组织者于1月30日注册了一家非营利性公司，名称为"自由 2022-人权和自由"（他们称其为"自由公司"）。利奇和巴伯被任命为董事，还有"领养卡车"的创始人克里斯·格拉，车队发言人本杰明·迪克特，两位路长和查德·埃罗斯。来自萨斯喀彻温省穆斯·乔（Moose Jaw）的会计埃罗斯（Eros）刚刚加入团队，负责管理财务，自从利奇两周前发起 GoFundMe 活动以来，这项工作有了巨大的发展。

到2月1日，组织者对 GoFundMe 缺乏进展和警方可能开始对车队抗议者提出指控的传闻感到紧张。他们联系了宪法自由正义中心（Justice Centre for Constitutional Freedoms），一个具有自由思想的法律慈善机构，寻求帮助。JCCF 聘请了基思·威尔逊（Keith Wilson）来组建和领导一个法律团队。威尔逊只考虑了一会儿就同意了，并在当晚就收拾好了行李。

威尔逊是一位来自埃德蒙顿的经验丰富的诉讼律师，拥有一份很长的履历和处理许多他知道可能涉及车队的法律领域的经验。他不仅仅是一个受雇的枪手，而且是这个事业的真正信徒。他知道法律状况是复杂和多方面的，但他的首要任务是解决 GoFundMe 的问题，并最终确定自由公司的法律地位。他还认为，车队需要一个与警方的法律联络人，需要刑事律师随时待命，以迅速应对潜在的指控，还需要诉讼律师来应对可能出现的其它法律挑战。

利用加拉的"收养卡车"活动的资金，有人包了一架飞机，把律师和其他几个人带到了渥太华。

包机使乘客（其中一些人没有接种疫苗）可以避开特鲁多政府对商业航空旅行的疫苗规定。2月2日上午，飞机离开卡尔加里，在埃德蒙顿接上威尔逊和JCCF律师伊娃·奇皮克（Eva Chipiuk），然后绕道阿尔伯塔省梅迪辛·哈特，接上利奇的丈夫德韦恩（Dwayne）。从那里，它去萨斯卡通接另外两名律师，并去里贾纳接埃罗斯。在温尼伯为另一名律师停留后，飞机在雷霆湾加油，并前往渥太华，于晚上11:30在那里降落。

抵达后，威尔逊在凯旋门酒店（Arc hotel）设立了他的法律小组，那里的第二个指挥中心正在形成。由于凯旋门酒店离国会山的行动更近，这里就吸引了更多抗议者过来。人们整天都在来来往往，其中一些人试图将自己插入到工作层级中并负责管理。

由于靠近抗议者，凯旋门指挥中心倾向于处理卡车司机最直接的需求，特别是燃料方面的。瑞士酒店指挥中心将继续管理媒体关系、筹款、安全和医疗等宏观事务。每个指挥中心都有自己的习惯和分工层级，相较而言凯旋门指挥中心比较混乱。塔玛拉·利奇说，无论你什么时候去凯旋门，似乎总是有一个会议在进行，很少有人，包括她在内，能够弄清楚这些会议的目的是什么，如果有的话。(在瑞士酒店的日常会议被控制在20分钟之内，然后大家就散开，继续做自己的事情）。随着时间的推移，在凯旋门的日常会议成为卡车司机向组织者表达关切和不满的场合。会议允许分享信息，特别是关于筹款的信息，否则大多数卡车司机都会和其他人一样从媒体上看到这些信息。组织者和卡车司机之间的沟通一直是个挑战。凯旋门会议对此有所帮助，并触发实施了一个群发短信计划，直接向抗议者发送最新信息（尽管口口相传仍然是最常见的沟通渠道）。

除了瑞士酒店和凯旋门酒店的指挥中心，车队还在渥太华周围和外部形成了一个前哨网络。在惠灵顿街，一个集装箱被改装成卡车司机的休息室，配有块状加热器、小吃柜台、迷你酒吧和咖啡机。在后勤方面最重要的地点是考文垂，即渥太华东部的 RCGT 停车场。考文垂最初是为无法在惠灵顿街停放的卡车提供一个溢出的停车场，后来成为一个燃料库、露营地、食品储存设施和接收码头。考文垂还放置了一个捐赠者扔下的两个大型桑拿浴室，并提示在不需要时打电话给他取走它们。它们一直被充分利用。一些人把考文垂当作自己的家，只关注那里发生的事情，而不管市中心。大多数抗议者在这两者之间游走，尤其是当涉及到燃料安排时，鉴于持续的低温和大多数卡车司机日夜在卡车中度过，这对车队的生存至关重要。

对于一个草根运动来说，车队组织中的很多人都很在意头衔问题。一位关键的志愿者，一位名叫约翰的安大略省钣金工人（他不希望使用自己的姓氏），被分配到几个头衔，包括采购主管、燃料分配主管和物流主管。他安排购买丙烷加热器、发电机和 HotHands 暖手器，以及其他物品。他还负责最重要的燃料供应。

在车队前往渥太华的途中，约翰得知了车队的情况。1月29日星期六，他把一个睡袋、几张毯子和一个枕头放在皮卡的后座上，从安大略省南部的家中驱车前往渥太华，计划在那里停留一两天。他没有计划，也不认识任何人。一个偶然的机会，他遇到了车队发言人达格尼·帕夫拉克和她的丈夫，当他们得知他将睡在自己的卡车上时，邀请他在他们的酒店房间地板上睡觉。他们很快就成了朋友，所以当帕夫拉克不能参加在凯旋门的会议时，她请约翰代替她去。"就说你是领养卡车司机的地面队长约翰，"她告诉他，"这些人只是想要一个头衔。相信我。"

约翰对"领养卡车司机"一无所知，但他还是答应了。当人们在会上询问他是谁时，他们似乎对这个头衔印象深刻，尽管它是帕夫拉克顺口编排的一串随机词汇。最终，约翰在燃料分配方面发挥了主导作用。他每天从一个富有同情心的渥太华供应商那里订购两批 3500 升的柴油运往考文垂。在那里，志愿者们将柴油转移到一个由十几辆专门用于运送燃料的皮卡车组成的车队的油箱中。一名协调员安排路线，让小卡车开到大卡车前为其加油，或者在不可能的情况下，尽量靠近大卡车，并将燃料转移到志愿者步行分发的罐子中。

起初，约翰和他的团队设立了一条燃料热线，供卡车司机下订单，但由于每天有 300 个电话和更多的短信进来，这被证明是无法管理的。取而代之的是，加油员在街上找人，为任何不足四分之一油箱的人加油，这一措施是为了在警察镇压的情况下配给燃料，事实证明这样做明智的。

* * *

车队在渥太华的整个过程中，有几十辆卡车在城外等待，以便在可能的时候进入。有时，一辆卡车会来替换离开渥太华的卡车。不时会有消息传来，说警方的外围有漏洞，可以利用。这些额外的卡车有自己的微型营地。其中一个是在城外阿普里尔的一个卡车站对面的庄稼地里。有几个是在417公路88号出口处的私人土地上（因此被昵称为"88"）。

位于渥太华郊区瓦尼尔（Vanier）的首都骑行者教堂，离考文垂市中心更近，起到了关键作用。这个五旬节集会是为了向骑自行车的人提供服务而建立的，但其以"随到随有"的服务方式张开双臂欢迎车队的到来。渥太华地区的几位组织者参与其中，并在此设立了车队的医疗诊所。车队的主治医生（不愿意透露姓名）制定了一个计划，以解决与活动相关的标准医疗需求。他建议成立一个流动医疗队和四个急救帐篷——一个在考文垂，一个在阿普里尔，一个在 88 号，还有一个在市中心。这些帐篷将为人们治疗诸如过度受寒、冻伤和脚踝扭伤等倒霉的事件。当卡车司机们显然不会回家时，车队的医疗队在骑行者教堂里开设了一个更为长期的日间诊所。

有重大需求的抗议者在骑行者教堂的诊所接受由 60 名现任和前任护士、护理人员和医生（有些有执照，有些没有执照）组成的轮流治疗。据两名护理人员说，一名装有假肢的男子在教堂接受定期的伤口护理。诊所还非常规地治疗了感染 COVID 的车队支持者。

"我们在地下进行了一些非法的伊维菌素操作，"前护士贝森·诺德维尔说，"把伊维菌素提供给需要它的人，那些人的 COVID 症状开始缓解。"

伊维菌素是一种抗寄生虫药物，被持不同意见的医生奉为 COVID-19 的治疗方法，尽管加拿大卫生部说没有证据支持其疗效。[51] 伊维菌素用于 COVID 被医疗机构广泛谴责，这只会让反对 COVID 疫苗的人更加追捧它。早期，诊所分发了由几个农民提供的兽医级伊维菌素。诺德韦尔说，一些医疗小组成员试图寻找人用级别的药物，直到一名志愿者突然"带着满满一袋"走了进来。

"只要我们做的是适当的重量，因为它分配的是每公斤体重的服用毫克数。……我们就能在有需要的人中分发。"诺德威尔说。

医生对伊维菌素行动变得如此出名不无担心。最初，计划是悄悄地将药物供应给想要的车队领导人。然而，消息传得很快，人们纷纷来到骑行者教堂和其它急救地点要求获得这种药物。

这位医生说："他们好像不了解不适当使用或开药的后果。"他对其他人在我和他谈话之前随意与我分享信息（和他的名字）感到沮丧。这位医生很快指出，诊所的大部分工作是标准的事件级急救，而不是开药或治疗严重疾病。

* * *

车队有一个采购主管，但他的工作变得很容易，因为东西不断出现。考文垂的桑拿房和惠灵顿街的充气城堡都是如此，它们成为车队街区派对氛围的象征。两个魁北克人因他们的充气热水浴缸而闻名，考虑到持续寒冷的天气，这个浴缸既实用又有趣。

有一个系统一直没有得到解决，那就是洗手间的问题。市区和考文垂有一些移动厕所，但不足以满足周末人口激增的需要，因为人们会来这里待上一两天，看看情况。此外，组织者无法可靠地让卡车进入清空厕所，经常面临警察的阻挠。幸运的是，酒店房间、私人住宅和有同情心的商家共同为抗议者提供了卫生间。不过，在惠灵顿的一辆卡车后面，有几个用胶合板搭建的厕所。人们在使用前必须阅读规则：

  伙计们，只能上小号。我们已经有足够的粪便要处理了，不需要你的了！要上大号去找一个旅馆。
  只能撒尿。在其它地方大便。并盖上盖子。

  尽管有卫生间的问题，但车队的所有行动——从医疗到行政到烹饪——都很快就完成了。一位组织者说，渥太华花了一年时间来计划在国会山举行的大型加拿大日派对，而一群"蓝领乡巴佬"在一周之内就完成了同样的事情。

第七章
这里谁负责？

车队发言人本杰明·迪克特有一项不讨好的任务。他必须为一个松散的团体规范信息传播，而满怀敌意的媒体则处心积虑抓住任何薄弱环节。他每天早上 6:30 开始，浏览社交媒体并召集同事们了解趋势。与车队在渥太华的第一个周末类似，他安排了几次新闻发布会——不允许主流媒体参加，但他花了很多时间试图阻止不同的人和团体举行的其他新闻发布会，声称自己代表车队。有些时候，这些相互竞争的会议传达的信息就像惠灵顿大街上刺耳的喇叭声一样混杂。

"每天不可避免地，大约 8 点，8 点半，我们会发现，哦，有一个新闻发布会，"迪克特说，"我的天，我们没有授权召开新闻发布会。谁授权召开新闻发布会的？所以我们花了一个小时试图弄清楚谁授权召开新闻发布会，它是从哪里来的。"

在渥太华的抗议活动进行了一周后，迪克特摔断了脚踝，他只能坐在轮椅上，腿上打着石膏。他被困在酒店里，经常不能参与到瑞士酒店和凯旋门酒店的讨论中。他认为不是由他安排的新闻发布会是有意或无意的破坏行为。试图帮助运动而不是拉拢运动的团体之间的界限并不总是很清楚。利奇和其他人认为，很多人正从幕后走出来，想从车队筹集的 1000 万美元中分一杯羹。

众多组织者的一个痛点是 2 月 3 日在万豪酒店举行的以利奇为主角的新闻发布会。这是一天前宣布的，由一个名为"夺回我们的自由"的团体召集的。然而，问题在于，利奇是在宣布会议的新闻稿发出后才知道的。她与这个团体没有任何联系，该团体驻扎在凯旋门酒店，将自己混入车队的团队组织中。

与避开主流媒体的自由车队官方新闻策略不同，"夺回我们的自由"新闻发布会对任何人开放，包括那些一直在发表关于车队与白人至上主义、种族主义等所谓联系的报道的记者。利奇并不想这么做，但因为已经宣布了，所以感到很困窘。她只接受过几次采访，也没有与敌对媒体打交道的经验。为了打消她的顾虑，"夺回我们的自由"在最后一刻为她提供了一些媒体培训，并安排其他人参加新闻发布会来支持她。即便如此，她觉得这对她在新闻发布会上的期望来说是微不足道的，她认为这无意中让她失败了。

"夺回我们的自由"执行董事罗伊·拜尔（Roy Beyer）说，他和他的团队，包括媒体顾问，事实上已经与自由公司董事会，包括利奇，讨论了这次新闻发布会。他说，她从未表达过对没有准备好的担忧，直到新闻发布会后，他才知道，用她的话说，她觉得自己被"扔到了狼群里"。

对利奇来说，幸运的是，基思·威尔逊刚刚抵达。在她看来，这位埃德蒙顿的律师是个天赐良机。"我不知道我会怎么做，"她说，"我甚至不知道该期待什么。"

当威尔逊得知这个新闻发布会时，他心中的警钟响了起来。他负责主持会议，并让利奇发表了一份事先准备好的声明，该声明是利奇与一名律师和一名医生共同拟定的。威尔逊说，不幸的是，它听起来像是由医生和律师写的，在组织者不得不离开去参加新闻发布会的前一刻，需要匆忙重写。利奇紧张地宣读了这份声明，她在声明中指出，世界上许多国家已经取消了所有限制，并重申车队呼吁省和联邦政府结束所有强制和限制。

"我们将继续我们的抗议，直到我们看到一个明确的消除它们的计划。"她说。"让我向渥太华人民保证，我们不打算在这里多呆一天。我们的离开将基于总理做正确的事情——结束所有强制和对我们自由的限制。"

在利奇的讲话之后，魁北克省路长乔妮·佩尔查特（Joanie Pelchat）宣读了法语翻译版本，安全负责人丹尼·布尔福德，前皇家骑警，谈到了抗议活动的和平性质以及抗议者和警察之间开放的沟通渠道。威尔逊让大家就 GoFundMe 活动进行提问。第一个问题是基于渥太华居民"被吓坏了"的前提，要求知道车队何时离开渥太华（尽管利奇刚刚在发言中谈到了这一点）。在回答了关于资金的第二个问题后，威尔逊结束了新闻发布会并带领组织者离开。记者们一路追着利奇走到楼梯间，但威尔逊事先警告她和其他人无论如何都要继续走。

2月3日的新闻发布会为组织者提供了一个宝贵的经验，但控制信息和简化沟通仍然是一个挑战。2月9日，我得知一直在平板车舞台上举行周日礼拜的亨利·希尔德布兰特牧师将与加拿大人民党领袖马克西姆·伯尼尔、安大略省议员兰迪·希利尔以及 COVID 的异见医生保罗·亚历山大和罗杰·霍德金森一起参加在渥太华万豪酒店举行的"车队新闻发布会"。霍德金森和亚历山大都是"夺回我们的自由"咨询委员会成员。由于知道希尔德布兰特一直是车队的中流砥柱，我认为这次新闻发布会是官方的，或者至少与车队相关的其它事情一样是正式的。我随手给迪克特发了一条信息，以确认这个地点。这是他第一次听说这个新闻发布会。不久之后，他发出了一份新闻稿，通知媒体他的团体同时在喜来登酒店举办新闻发布会，这迫使另一个团体将其活动推迟到当天晚些时候。

希利尔尤其是组织者的眼中钉——他们中的许多人都对他发表了不友好的评论。一个人说他是"所有问题的最大来源"。一些人指责希利尔试图与车队合作，并最终偏离了通过民主制度推动结束疫苗强制和疫苗护照的重点，使车队陷入了困境。在渥太华的第一个周末，希利尔拆除了议会山的一个路障，该路障是议会区保安为控制行人交通而设置的。还有一次，他在推特上发布了导弹头旁边的燃料罐的并排照片，标题是"拉响自由警报（LET.FREEDOM.RING）"。

"真是个蠢货，"迪克特在谈到希利尔时说。"他在试图让抗议者陷入困境，故意的，这就是兰迪·希利尔，这就是他的真面目。"

迪克特试图控制媒体为我所用的尝试收效甚微，问题不仅来自外部团体，还来自车队组织内部的人员。就在希利尔事件的前一天，迪克特感到被汤姆·马拉佐主持的一个临时新闻发布会所蒙蔽。马拉佐来到渥太华，为车队提供组织和后勤支持。他称自己是志愿者，而不是组织者，据迪克特说，他想一直做一个幽灵，躲在幕后工作。厌倦了在渥太华寻求聚光灯的人，迪克特松了一口气，直到他看到马拉佐在会议室的桌子旁，旁边是克里斯·巴伯、布里吉特·贝尔顿、塔玛拉·利奇和几个路长，代表车队在Facebook的直播中发言。"我愿意与保守党、新民主党和魁人政团作为一个联盟坐在一张桌子上。"马拉佐说。"我将与总督坐在一起。你让我——让我们——和真正关心加拿大的人坐在一起。"

马拉佐的言论被媒体广泛解读为寻求推翻贾斯汀·特鲁多,用某种涉及车队组织者和反对党的军政府来取代政府。CTV 说,马拉佐现在是"自由车队的代言人。"[52] 公共安全部长马可·门迪西诺(Marco Mendicino)指责车队发表"极端言论……试图通过暴力煽动推翻政府"。[53]

马拉佐后来告诉我,他必须为这一声明"吃点责任馅饼",他感叹说这一声明没有达到预期效果。他从未想过要当发言人,但他说他是被一些在凯旋门二级行动中心工作的志愿者敦促发表公开声明的。经过一个半星期的抗议,联邦政府层面几乎没有进展,士气处于低谷。联邦政府没有听取卡车司机的意见,而是继续诋毁他们。只与有能力立即取消疫苗强制和疫苗护照的政治家接触的策略正在失败。马拉佐被激怒了,他想把车队的担忧告诉任何可能有能力做一些事情的人,从而"让球滚动起来"。

"我不在乎哪个党派进入房间说,'听着,我在这里代表我的党派。你关心什么?我是来帮忙的。也许我可以回去说服政府或议会中的其他人派出某种代表团。'"他说。

马拉佐从未设想过——或者甚至认为有可能——政治家与车队组织者组成联盟。他的评论,无论表达得多么笨拙,都是在呼吁反对党共同合作,让政府在疫苗问题上负责任。

无论用意如何,领导媒体团队的迪克特和达格尼·帕夫拉克都不太满意。第二天,他们发出了一份新闻稿,称只有四个人被授权代表车队发言——他们两人、巴伯和利奇。言下之意是，马拉佐的发言不能代表车队，但鉴于巴伯和贝尔顿都曾与他一起出现，这一点也很难解释得通。

帕夫拉克的名字出现在这份简短的名单上，让很多人感到意外。尽管她从第一个周末开始就与车队合作，但她并没有成为公共发言人。当人们在谷歌上搜索她，看到她与自由党的关系，包括她与门迪奇诺（Mendicino）——负责取消车队的部长——的合影时，阴谋论开始涌动。她之前曾担任自由党的现场组织者，但在 2015 年大选后对他们感到失望，转向其它工作。这不是自由党对车队的渗透，只是个人观点上的转变。帕夫拉克对网上的反响感到惊讶。过去两年，她一直在家乡附近积极参加反封锁活动，在渥太华没有人对她的自由党历史提出异议。其他组织者亲切地称她为"深层政府达格尼"。

塔玛拉·利奇作为发言人被大家广为接受，但贝尔顿——她早期对巴伯的坚持使车队成为可能——对利奇占据如此大的风头感到不满。贝尔顿并不认为利奇是个坏人，但她坚持认为车队本来就应该是关于社区的，而不是关于个人的，何况名声都跑到利奇的头上了。

* * *

对于加拿大人的外部观感来说，车队是由在酒店宴会厅争夺麦克风的人和团体组成的。在街上，则是另一番景象。

当大卫·佩斯利看到车队在安大略省西南部的 401 公路上行驶时，他深受鼓舞，于是他收拾好行李，第二天就到了渥太华。当他在第一个星期五到达时，他不认识任何人。他计划周日回家，但是，像其他许多人一样，他为车队深深吸引，一直呆在那里，直到最后。虽然他从未见过巴伯、迪克特或利奇，但他对卡车司机起到了关键的作用。他是惠灵顿街的街区队长，这意味着他每天都在与停在车队最显眼的路段上的卡车司机们建立联系和沟通。他与其他街区的队长一起参加凯旋门的日常会议，将关注点向上传递，并获得简报，与他所在街区的卡车司机分享。他还创建了"棚内直播"（Live From The Shed），这是一个在卡车后面的木质棚子里播放的在线频道。他的频道从惠灵顿街直播视频，并采访了车队抗议中的人们。

我随意使用了"组织者"这个词来描述那些在车队中扮演关键角色的人，但这个词用得很宽泛，而且在车队中有时是一个有争议的标签。政客和媒体对车队的攻击往往涉及到将不配称为"组织者"的人提升到"组织者"的角色，以便对运动进行负面报道。一些真正的组织者，或出于谦虚，或因为他们不希望受到媒体和执法部门的负面关注，与这个标签保持距离，即便他们的行动记录除了"组织活动"你很难找到其它说法对其进行描述。

当被问及"组织者"的标签时，佩斯利翻了个白眼，他看到了这个词的可塑性和含金量。他从未被分配过任务。他只是站出来就开始工作。佩斯利利用心理学家和作家乔丹·彼得森的"能力层次"模型来解释车队结构的有机性质。"这不是一个工作头衔或任何东西的等级制度，而是能力的等级制度。"佩斯利告诉我。"你与一个人联系，意识到他们不称职，并把他们从你要沟通的对象中剔除。然后你会接触到其他人，他们似乎很有能力，所以你开始与他们联系，然后有能力的人会与其他有能力的人联系，最终你会有一个由有能力的人组成的网络，把事情做好。"

这就是佩斯利所做的。他深悉惠灵顿街的观感异常重要，并希望确保那里的卡车司机得到照顾。他在街上像拉票一样，与停在那里的所有卡车司机见面。司机们邀请他进入驾驶室，在里面促膝长谈。在这些谈话中，他经常听到的问题就是"我们如何获得燃料？"佩斯利会回答："哇，我也不知道情况怎么样，我刚刚过来。"但他想帮助找到答案，某种程度上他"很快就厌倦了挥舞旗帜"。

佩斯利特意获取姓名和联系信息，通过群发短信保持联系，根据名字和技能组合，如"山姆机械师"或"有房子给我们用的吉姆"，在他的手机中保存联系人。他自告奋勇成为卡车司机的"眼睛和耳朵"，建立了一个司机和志愿者网络。最终，他们中的一小群人在一个贴在卡车上的木棚里开会，相互交换意见，试图弄清楚正在发生的事情和将要发生的事情。这被证明是至关重要的，因为有许多人想提供帮助，但却没能加入像"领养卡车"或瑞士酒店团队这样的网络组织。有一个人每天从早上 8 点到下午 5 点呆在喜来登酒店的房间里，让需要洗澡的卡车司机进来。一对老夫妇用他们的车在市中心和考文垂之间来回摆渡。无数人——通常是年长的女士——做饭和烘烤，另有一个关键小组提供机械服务。

有一天，迈克·诺德韦尔（Mike Nodwell）和他的妻子一起去凯旋门酒店找打印机用。他们有来自阿尔伯塔省老家的朋友和邻居的信，他们想把这些信交给他们的议员约翰·巴洛(John Barlow)。有人指给他一台装在盒子里的打印机，告诉他可以安装和使用，他照做了。之后，其他人也有东西需要打印，他施以援手。不久之后，他就成了凯旋门的全职志愿者，做咖啡，送食物，与酒店管理部门联络，并参加规划会议。所有这些都始于他需要打印一点东西。

这些人中的大多数都有一个共同点，即没有人要求他们做任何事情，更不用说给他们分配角色。他们都是自发地开始帮忙。这些人中许多都是利奇和巴伯的粉丝或支持者，但他们并没有按照这两人或其他任何人的命令行事。有些人甚至对他俩的看法不那么好，一位卡车司机将车队的发言人和筹款人描述为"公司里的西装客"，卡车司机在街上干重活的时候，他们却在享受荣耀。

媒体经常试图将车队描绘成一个自上而下的组织，具有严格的等级制度。实际情况却是局外人很难想象的，那些接受采访和控制筹款活动的组织者很难对基层人员的具体行动指手画脚。即使他们想，也没有那样做的可能。该运动的草根属性不可撼动。

第八章
各执一词

　　在我去渥太华的路上，除了对暴力叛乱的预测以及对种族主义和极端主义的指责之外，我在媒体上几乎没有听到关于车队的消息。在第一个周末，我在渥太华市中心走了一圈，没有看到这种性质的东西，虽然并不惊讶，但也松了一口气。我花时间与人交谈，欣赏街上的风景，每隔几个小时在酒店房间里休息一下，躲避寒冷的天气，同时也给我迅速耗尽的手机充电。有一回休息时，我看了看Twitter，看到网上车队讨论的趋势，我感到很困惑。总理办公室对面的泰瑞·福克斯雕像被亵渎了。一个醉酒的女人在无名烈士墓上跳舞。卡车司机从一个无家可归者收容所偷了食物。一个打着邦联旗帜的人从人群中挤了过去，另一个人也打着纳粹万字符旗。这些故事在网上风靡一时，但与现场的街区派对气氛相比，感觉有天壤之别。

　　在第一个周日的车队新闻发布会上，本杰明·迪克特将这一切都笑称为"假新闻"。据多家媒体报道，对泰瑞·福克斯雕像的"污损"是无害的：抗议者在福克斯头上戴了一顶棒球帽，在他脖子上绑了一面加拿大国旗作为披风。[54] 他们还在他的怀里放了一个牌子，上面写着"要求自由"。所有这些都很容易被移除，对雕像没有任何损害。然而，这一事件在政治家和记者的评论中一直作为车队无法无天的例子存在。

有时，要花几个月的时间才能了解指责车队的故事背后的真相。确实有一段视频，一名妇女在无名烈士墓前跳舞。它在全国受到了广泛的批评。直到两个多月后，渥太华警方才承认该女子与车队没有关系。55

2月6日，一位名叫马蒂亚斯·穆尼奥斯（Matias Muñoz）的渥太华男子在推特上发表文章，指控两名纵火犯在凌晨5点将"一整包起火砖"带入他在渥太华市中心的公寓大楼大厅。56 穆尼奥斯写道，纵火犯承认自己是车队的一员。这条推文收到了12000多条转发，新民主党领袖贾格米特·辛格（Jagmeet Singh）、自由党议员马克·格雷特森（Mark Gerretsen）和其他议员在下议院提出这一事件，作为车队内存在"暴力"的一个例子。直到3月21日，在抗议活动被解散一个多月后，警方才确认嫌疑人与卡车司机的抗议活动之间没有任何联系。57 在渥太华警方发表声明后，穆尼奥斯指责车队"在渥太华的核心地区制造了一个无法无天的局面，成为这次纵火事件发生的催化剂"。58

最具破坏性的故事之一是指控卡车司机，在一个渥太华市中心的庇护和施粥所骚扰"善心牧羊人"（Shepherds of Good Hope）这一慈善组织的人。该慈善机构在1月30日的一份声明中说，卡车停在其救护车停放区，抗议者对施粥所的工作人员和志愿者进行"口头骚扰和施压"，要求他们提供食物。59 该声明称施粥所"不确定确切的数字，"但这些事件持续了几个小时。虽然与我交谈的许多组织者对这一说法持怀疑态度，但这并非完全不可信。在第一个周末，如果你不知道去哪里找，食物是很难得到的。许多市中心的餐馆，包括附近购物商场里多中心（Rideau Centre）的餐馆，都先期关闭。(然而，那些继续营业的餐馆却发了一笔小财）。志愿厨师们炸鸡翅、烤热狗和烤全猪的食品帐篷已经迅速搭建起来，但还没有能力喂饱第一个周末出现的数万人。无论如何，这一事件是一次性的，并不代表一般抗议者的行为。在接下来的三个星期里，车队的组织者为自己能给无家可归者提供食物而自豪。

然后是旗帜。一名蒙面男子穿过议会山的人群，手持一面印有运输车的邦联战旗。这名男子的静止图像迅速流传开来，特别是在记者中间，他们把整个故事都写在上面。这名男子四处走动的一段不太流行的视频显示，其他示威者嘲笑他，并将他赶出人群。[60]

纳粹万字符更令人好奇。一张照片显示，一名男子在远处——不是在国会山或惠灵顿街的抗议者中间——拿着杆子上的纳粹旗。我的同事、亲卡车媒体 True North 的坎迪斯·马尔科姆（Candice Malcolm）发布了一个 6500 美元的悬赏令，征集能够识别旗手的信息。她想问问他在想什么。[61] 这里面没有任何实质性的东西。他是一个反车队的煽动者还是一个真正的纳粹同情者？两者都有可能。在抗议活动中还出现了一些其它的纳粹标志，尽管通常是在示威者仓促地指责加拿大政府是纳粹的情况下。这并不能成为在抗议活动中使用这种可憎符号的借口，但纳粹同情者和那些头脑发热想不出比纳粹更好的称号送给政治对手的人，这两者之间是有区别的。而这种细微差别在报道中一概付诸阙如。

我碰到了来自阿尔伯塔省的保守党议员迈克尔·库珀（Michael Cooper）和达米安·库雷克（Damien

Kurek），他们正在向车队的抗议者分发咖啡，并对他们进行了一次即兴采访。在我们准备拍摄时，库珀一直在看自己身后。我后来了解到，这是因为他早些时候对加拿大广播公司讲话时，背景中有人拿着一面画有纳粹标志的加拿大国旗。直到那张图片的截图在网上疯传，库珀才得知情况。加拿大广播公司后来报道了库珀因与挥舞该旗帜的人站在一起而"受到攻击"。[62]

随着时间推移，车队的批评者花样迭出。加拿大广播公司做了一个节目说"自由"不一定是个好词，因为它"在极右翼团体中兴起"。[63]

现实情况是，主流媒体已经确定了叙事基调，车队的批评者并不太关心真相，如果一个谣言恰好迎合了他们的心意。加拿大反仇恨网络主席伯尼·法伯（Bernie Farber）在推特上发布了一张"渥太华的一个朋友在占领区拍摄的"反犹太传单的照片。[64] 他给车队贴上了"这个国家最糟糕的纳粹宣传"的标签。[65] 正如《轮盘》（Quillette）编辑乔纳森·凯（Jonathan Kay）所指出的，这张照片几周前就出现在推特上，当时是由迈阿密的某人拍下的，与车队没有关系。法伯不是一个简单的推特名人。他曾在议会作证，是加拿大广播公司的常客。记者和政客们对他的故事不置可否。新民主党议员查理·安格斯（Charlie Angus）说，车队的所谓极端主义"并不隐蔽，它就在那里，是公开的"。贾斯汀·特鲁多甚至指责犹太裔保守党议员梅丽莎·兰茨曼(Melissa Lantsman)与"挥舞纳粹标志的人站在一起。"[66] 自由党议员雅拉·萨克斯(Ya'ara Saks)说，车队的网上集结号"honk honk"实际上是"希特勒万岁"的代号。[67]

即使这些不幸的事件都得到了准确的表述——事实上并没有,它们仍然是涉及数万人的大规模抗议活动中的边缘事件,整个活动在渥太华期间是以和平示威和庆祝为标志的。Convoy 发言人达格尼·帕夫拉克对媒体将这些一次性事件提升到活动的主导地位并不感到惊讶。"主流媒体会发现那个潜在的有毒元素,并将其描绘成整个运动的代表。"她说。"那是我们不想给他们的东西。"但组织者无法控制这么大的人群中的每一个人。

政府和媒体中的许多人所接受的种族主义、极端主义的说法掩盖了抗议者中的许多有趣的个人故事。车队中一些最精彩的报道来自于鲁帕·苏布拉曼亚(Rupa Subramanya),她是一名经济学家和《国家邮报》专栏作家,几乎每天都在惠灵顿街的营地周围走动,与人们谈论他们是谁以及他们为什么在那里。这位来自印度的有色人种苏布拉曼亚在 Bari Weiss Substack 网站上的一篇文章中写道:"我与近 100 名抗议者、卡车司机和其他民众交谈,没有一个人听起来像叛乱分子、白人至上主义者、种族主义者或厌恶女性者。"

奇怪的是,这样一个简单的策略——与参与抗议的人交谈——在这种媒体报道的环境中显得很激进。苏布拉曼亚认为,抗议活动虽然表面上集中在疫苗强制和护照上,但实际上已经演变成对政府干涉个人生活的广泛不满的发泄渠道。在她看来,她采访的许多抗议者都是来自共产主义独裁国家的移民,他们认为加拿大不再能提供他们逃离祖国所寻找的自由。

在车队创造的"城中之城"中,人们找到了他们渴望的自由和正常状态,这也说明了为什么他们中的许多人本打算在渥太华只呆几天最后却一直留了下来。有些人找到的远不止这些：卡车司机泰勒·阿姆斯特朗（Tyler Armstrong）的蓝色肯沃斯（Kenworth）车就停在惠灵顿街国会山的前面，他在车队中遇到并爱上了抗议者阿什利·瓦普肖(Ashley Wapshaw)。志愿者贝森和迈克·诺德韦尔在车队出发前互不相识，见面后得知他们是表兄弟。与我交谈的一名男子告诉我，他通过在渥太华的服务工作找到了信仰。批评者可能会把这些写成孤立的事件，但它们更能够代表车队的经历，而不是媒体和政治家所报道的孤立的负面事件。

我在渥太华所做的一些最受欢迎的报道来自于我四处走动时播放的直播视频。我的一些支持者告诉我，他们非常不信任媒体对车队的描述，所以他们喜欢现场直播的简单和诚实，即使在某个特定时刻发生的事情并不重要。

为了体现媒体公平起见，一些记者尽力走到（通常是敌对的）人群中与人们交谈。两个突出的例子是CTV的埃文·所罗门（Evan Solomon）和Global News的肖恩·奥谢（Sean O'Shea）。他们两人都与人们进行了真正的对话，当人们对他们大喊大叫时，他们都站在那里默默承受。作为一名在保守派媒体工作的记者，我在很大程度上避免了针对许多主流媒体人士的恶言相向，这很难堪，而且正如我告诉几名抗议者的那样，这只会进一步加剧媒体对车队的负面描述。我理解愤怒的来源，我看到了媒体对车队的诋毁和歪曲，但这并不能成为过度攻击的借口，那些记者也只是在做他们自己的工作。

* * *

迪克特相信，通过歪曲车队的情况，媒体正在暴露自己的偏见。尤其是加拿大的媒体。外国媒体，包括美国的福克斯新闻（Fox News）和英国的 GB 新闻（GB News）等保守派媒体，在报道中对车队更加开放，《纽约时报》和 BBC 等外国主流媒体也是如此。但是，车队媒体团队的问题仍然存在：如果现场的事实没有得到公正的报道，车队的总体信息就不可能在加拿大被人知晓。

2 月 15 日，迪克特出现在乔丹·彼得森（Jordan Peterson）的播客节目中，就车队的目标和价值观发表了声明。

> 自由车队是一个和平友爱的示威活动，团结和尊重所有加拿大人是我们的原则。我们来到渥太华，有两个非常简单的要求：第一，政府结束所有的 COVID 强制政策；第二，联邦政府取消其名为 ArriveCan 的 COVID 数字跟踪应用程序，作为入境返回加拿大的要求。
>
> 我们没有预料到所有加拿大人在经历了长达两年的限制和严酷的封锁后对自由的渴求，在明智的加拿大人看来，这不符合《权利和自由宪章》以及我们所尊重的宪法精神。我们车队的支持者来自各行各业，他们业已成为跨省份跨文化背景团结加拿大人的源泉。我们不是一个对身份政治或种族划分感兴趣的团体。事实上，我们向所有希望分享他们的爱，并帮助恢复加拿大身份的人开放。
>
> 自由车队的领导层横跨全国，来自不同的原住民、农村和城市社区，他们都有团结和自

由的热切期望。我们的要求从第一天起就没有改变：结束强制，结束护照，我们都将回到我们的社区和我们的经营活动中，帮助加拿大从COVID时期中恢复过来。

许多归结到我们头上的并不是我们的要求，这主要来自传统媒体。我们不希望推翻政府。我们不想把我们的任何民选官员赶下台——这是选举要做的事情。我们不想对抗。我们不希望与执法部门那些好人对抗，在我们的组织和人群中，我们有无数的急救人员和退伍军人，他们都为渥太华警察感到骄傲。我们不希望有军事行动。我们只想让我们和平友爱的示威，以及我们的社区宣传，帮助激励我们的加拿大同胞发出声音，珍惜我们有幸拥有而世界上许多人正努力奋斗争取的自由。

我们还要请求我们的政治阶层和传统媒体口下留情。诽谤和不分青红皂白地给同胞贴上贬义词或种族主义者标签的时代需要结束。我们需要开诚布公地交谈并相互尊重。但是，如果我们的政治阶层继续以这种非议会的方式行事，而传统媒体攻击他们本应接触的人，我们就无法实现这一目标。

所有加拿大人的一致目标是我们希望恢复正常的生活——自由的生活，无论你在政治光谱上处于什么位置。现在是时候了，第一个勇敢的步骤将是联邦政府取消这些分裂我们的强制政策，以及对我们公民的数据跟踪。让我们大家一起恢复元气。

和平、友爱和团结是加拿大身份的未来。让我们激励世界跟随我们踏上这条启蒙之路。[69]

迪克特的声明并无新意，尽管这可能是这三周内任何消息来源对车队意图最清晰的表述。他需要发表这一声明，这表明车队的信息事实上没有被听到。回想起来，迪克特将信息传递问题归咎于运动的草根性。他说："如果每个人都站在同一条战线上，保持信息一致，那么主流媒体就会越来越难以玩弄这种说法。"

帕夫拉克同意"人们在两边开枪"是信息传递问题的主要来源，但她希望车队的媒体代表能与主流媒体接触，而不是抵制主流媒体，以抵消这种情况。当 CTV 记者格伦·麦格雷戈（Glen McGregor）被拒绝进入车队的新闻发布会，并被酒店管理层要求离开酒店时，车队的支持者们兴奋不已，但这一事件无补于车队信息传递。帕夫拉克说："我的看法是，嘿，无论如何，他们很可能会歪曲事实，所以为什么要鼓励他们从其他来源获取他们的故事。"她认为，如果采取接听媒体电话的策略，就会有更多的收获，"尽我所能地回答问题，一直告诉他们我和其他人所讲的确切内容，然后看看会发生什么。"

帕夫拉克另外感到遗憾的是，在第一周花了这么多时间和精力来处理内部冲突，而没有足够的时间来制定一个具体的、积极的媒体计划。当然，即使没有这些，车队也在取得成果。

第九章
车队效应

　　无论媒体如何报道，卡车司机在整个抗议过程中一直有着非凡的声势和广泛的民众支持。特别是在 TikTok 和 Instagram 这样的应用程序上，他们挖掘了一个独特的人群，这些人并不完全是从政治角度出发，但仍然支持车队。他们的吸引力走出加拿大，遍及全世界。一批反建制的名人聚集在他们身边。首席执行官埃隆·马斯克（Elon Musk）在 1 月 27 日发表的一条推文声称："加拿大的卡车司机了不起"，获得了数十万个赞。[70] 喜剧演员罗伯·施耐德（Rob Schneider）和拉塞尔·布兰德（Russell Brand）为他们加油。小唐纳德·川普（Donald Trump Jr.）在脸书上发布了一段四分钟的视频，赞扬"英雄"的卡车司机为"医疗自由"站出来。[71] 当前总统唐纳德·川普（Donald Trump）在保守派政治行动大会上，盛赞卡车司机和加拿大人"恢复自由的崇高追求"，宣称与他们站在一起，无数听众为之起立鼓掌。

　　当组织者看到其它地方也有类似的车队方兴未艾，他们意识到这一运动是如何地规模空前。2 月初，一群美国卡车司机在脸书上发起了"2022 前往华盛顿车队"的宣传活动。在 Facebook 删除该组织之前，他们聚集了超过 100,000 名成员，据说是因为它与阴谋运动 QAnon 有联系。[73] 美国卡车司机重新组织起来，发起了"人民车队"，进行了为期数周的抗议活动，前往华盛顿特区并将其团团围住。

并非仅有美国一个孤例：车队风起云涌，在新西兰的惠灵顿、澳大利亚的堪培拉、法国的巴黎、英国的伦敦和比利时的布鲁塞尔，以及其它世界各国首都。所有这些都是受到加拿大自由车队的启发。二月份，"加拿大式抗议"这个可能从未被提及的短语出现在八十篇新闻报道中。看到世界各地的其他团体效仿他们，对加拿大卡车司机的士气有很大帮助，但车队需要说服的人是联邦和省一级的政治家，以取消疫苗强制。

无数政治家纷纷表态要结束疫情，恢复正常，但没有给出像时间表之类的任何东西。强制政策依然无处不在。有些省份，特别是魁北克省，在其它大多数省份正要取消限制时，反而变本加厉增加限制。但就在车队首次登陆渥太华的那个星期二，魁北克省扔下了一个重磅炸弹：它放弃了那个有争议的对未接种疫苗者征税的（可能是违宪的）计划。[74] 该省称之为"健康贡献"的计划在不到一个月前宣布，官员们坚持认为未接种疫苗的魁北克人更有可能住院并增加医疗费用，所以他们应该支付额外税负。紧接着，又宣布禁止未接种疫苗的人进入大型零售商店。正是由于这些政策，以及魁北克省的 Covid 宵禁令——该宵禁令允许警察对晚上 8 点（后来改为晚上 10 点）后街上的任何人进行罚款，车队组织者通过魁北克省卡车司机和抗议者在议会山的强劲表现加以回报。果然，在渥太华就这样按了几天喇叭之后，魁北克省就开始走回头路了。省长弗朗索瓦·莱戈尔（François Legault）早些时候还在为到处颁布的那些极端严厉的 Covid 限制而感到自豪，说他正试图避免社会的分裂和两极化。不用说，车队认为这是一个巨大的胜利，首战告捷，来日可期。

2月8日，阿尔伯塔省省长杰森·肯尼（Jason Kenney）宣布立即终止该省的疫苗护照，并将3月1日定为解除其强制口罩的日期。[75] 同一天晚些时候，萨斯喀彻温省省长斯科特·莫伊（Scott Moe）跟随肯尼的步伐，宣布在2月14日终止疫苗护照的使用。他说："现在是弥合家庭、社区和省内疫苗接种分歧的时候了。"[76] 几天后，安大略省省长道格·福特（Doug Ford）说，正在制定一项计划，取消安大略省的疫苗护照。[77]

所有这些省长都尽量淡化这一被称为"车队效应"的现象。他们坚称这些事情已经在发生了，但这么说显然并不能完全令人信服。没有车队之前，政治家们拒绝给出时间表，更不用说制定具体的重新开放措施了。车队组织者认为这些是运动的胜利，无疑是正确的。"每天都有一个小头被砍掉，但不是我们要的那个大头。"车队志愿者贝森·诺德维尔说。

大目标是结束各级政府，特别是联邦一级政府的所有强制和护照。组织者希望执政的自由党的某个人，甚至是内阁部长或高级官员，能够同意与他们会面，但随着车队越陷越深，特鲁多对反疫苗强制抗议者的指责越多，这种可能性就越来越小。

在抗议活动的早期阶段，下议院没有真正的反对意见，这对总理很有利。近两年来，联邦政治家们一直强调以"加拿大团队"的方式应对这一流行病。对保守党和新民主党等反对党来说，团结似乎比反击政府的政策更重要，因为这些政策和任何政府的举措一样，都可以从严格的挑战中受益。在2021年大选的联邦领导人辩论之前，所有五个政党的领导人都把他们的分歧放在一边，录制了法语和英语的公共服务公告，敦促加拿大人接种疫苗。大多数加拿大人确实接种了疫苗，这在政治家们的心目中证实了超越党派的做法是正确的，但未接种疫苗的人认为这些人的团结证明联邦政治中没有人愿意代表他们。加拿大人民党领导人马克西姆·伯尼尔是反对强制的唯一声音，但尽管他的政党从 2019 年到 2021 年的得票率增加了两倍，却没有选出任何代表进入议会。

如前所述，当几位保守党议员发言反对对卡车司机进行跨境疫苗强制时，渥太华的共识开始出现裂痕。当车队抵达渥太华时，很明显，普通的保守党人广泛同情这一运动，更多的保守党议员表示支持，包括党的副领导人坎迪斯·伯根（Candice Bergen）。当领袖艾林·奥图尔犹豫不决的时候，他的核心党团中支持卡车司机的成员就开始行动了。1 月 31 日星期一晚上，几十名保守党议员签署了一封信，要求对奥图尔的领导地位进行核心小组投票。两天后，在一次紧张的马拉松会议上，他们以 73-45 的投票结果推翻了他。党团对奥图尔领导力的担忧在车队甚至 2021 年选举之前就已经存在，但奥图尔对卡车司机的反应不积极，使议员们最终扣动扳机。"地面开始颤抖了，"自由车队 Facebook 页面上的一个帖子说，[78] "你能感觉到吗？"

保守派议员选举支持自由车队的坎迪斯·伯根为临时领导人，而第一个发起竞选以取代奥图尔为永久领导人的政治家是皮埃尔·波利耶夫（Pierre Poilievre），他是车队的宠儿，几天前曾嘲笑那些试图根据几个蹩脚演员的行径和言论来否定抗议活动的记者们。[79]

不用说，伯根的保守党并没有把卡车司机看作是一个边缘群体。2月4日，就在她当选临时领导人的两天后，伯根发表了一份声明，要求卡车司机保持和平，但向他们保证"加拿大人和保守党已经清楚地听到了你们的声音。"[80] 同一天，伯根试图安排与塔玛拉·利奇会面。这是由利奇的议员，来自 Medicine Hat-Cardston-Warner 的保守党人莫茨（Glen Motz）促成的。莫茨打电话给利奇，问她是否可以去附近的 A&W 餐厅与伯根进行五分钟的会面。由于是在公共场所，利奇和她的团队认为这不过是一个拍照的机会。利奇把电话交给了车队的律师基思·威尔逊，让他扮演坏警察。为了验证他们的猜想，威尔逊回应了一个相反的建议——邀请伯根在凯旋门酒店与利奇会面，进行没有照片和媒体声明的私人谈话。要么是莫茨没有传话，要么是伯根的办公室拒绝了，该会面未能成真。(伯根和莫茨都没有对评论请求作出回应。)

车队组织者不参加会议的决定令人费解：在政治动荡中他们掌握了将伯根推到前台的主动权，而与女王陛下的忠诚反对派领导人会面的照片将向持反对意见的人发出一个强烈的信息，即车队已经在议会层面获得席位，是一个主流政治运动，而非贾斯汀·特鲁多所谓的"边缘少数"。显然，组织者并不这么认为。威尔逊明白他们放弃了一个潜在的提升合法性的机会，但他认为拍照的风险将运动变成了党派运动，这是一个更大的担忧。威尔逊说："就其作为一个组织而言，它一直在努力做到非政治性。"

本杰明·迪克特称保守党不接受凯旋门会议是"完全无能的",他声称,在会议期间,他和他的组织者们会帮助该党"利用车队"来获得政治利益。

无论如何,伯根的办公室和保守党的高层再也没有与车队组织者接触。

* * *

尽管车队组织者在物流管理、消息传递和其他细节方面投入了大量工作,但他们仍然受制于车队原生态的草根属性。使其成为强大政治力量的因素也带来了高度的政治风险。要想了解车队如何展现自己的生命力,我们只需看看边境封锁就够了。在主要车队抵达渥太华的同一个周末,一群卡车司机封锁了阿尔伯塔省库茨(Coutts)附近的加拿大-美国边境口岸。该口岸每年的跨境贸易额达 159 亿美元,即每天 4400 万美元。[81] 几十名卡车司机使其陷入停滞。

库茨只是一个开始:其它封锁行动在不列颠哥伦比亚省的萨里、曼尼托巴省的埃默森以及安大略省和密歇根州在萨尼亚和温莎的重要桥梁过境点,以及其它地方不断发展。这与早期车队组织者布里吉特·贝尔顿在 12 月设想的全国性同步抗议、堵塞和迟滞交通的最初想法相似。但是,她和车队的抗议者最终都没有对边境封锁采取任何行动,然而这件事最后还是发生了。

"我们会从媒体上了解到边境封锁的情况。"威尔逊说。"如果这些卡车司机认为封锁边境是个好主意,他们就会驾车到边境。他们不会在冬天开车穿越全国去渥太华。"

威尔逊补充说，"这纯粹是一个自发的、抱有同情心的运动。"在他与凯旋门酒店和瑞士酒店行动中心的组织者举行的所有会议中，他从未听说有人和参与边境封锁的人交谈过，更不用说编排一个。但这并不意味着他们不支持，至少一开始是这样的。

"我希望我们能把封锁的功劳据为己有，但我们不能。"利奇在2月14日的Facebook视频中说。[82] "这场运动已经俘获了加拿大人和整个世界的心。我们知道，全国的加拿大人都被渥太华的卡车司机的决心所鼓舞，正在开始他们自己的车队示威，以表示对结束强制的支持。我们祝愿他们一切顺利，看到这一运动如此有效地传播，我们感到非常振奋。当然，我们鼓励全国各地的所有示威者保持和平，就像我们在渥太华一直以来并将继续保持的那样。

她并没有写下她在视频中宣读的声明。她后来说，她对边境封锁的某些方面感到不安，她认为这些封锁与渥太华的情况有根本的不同。"我们试图在支持和不太支持之间找到一个平衡。"她告诉我。"因为我们并不纵容非法行为。"

在抗议活动进行时，边境封锁造成的经济损失被夸大了。2022年2月，由于卡车只是转向其他过境点，跨境贸易实际上比前一年大幅增加。[83] 尽管如此，此举还是造成了破坏，似乎削弱了车队从公众和某些保守派政治家那里获得的一些善意。2月10日，伯根再次称赞车队发展成为一种"国际现象"，但她说"现在是拆除路障，停止破坏性行动，团结起来的时候了。你们希望看到重新开放的经济正在受到伤害。"[84]

总而言之，边境封锁对卡车司机来说是喜忧参半。迪克特说，他认为那些封锁者应该对所引发的美国的持续报道负有责任，特别是来自有线电视新闻、谈话电台和保守的数字媒体。但利奇说，封锁"带来的负面影响是深远的"，因为媒体会将他们与渥太华车队的组织者联系起来，尽管缺乏直接联系。最关键的是，封锁为特鲁多政府采取前所未有的行动创造了条件，使车队戛然而止。

第三部分
紧急状态

第十章
法院、现金和油罐

钱是车队势头的一个重要晴雨表。人们很容易将推特上对卡车司机的迷恋视为机器人的杰作，但数百万美元涌入车队有关的筹款活动中，显示了现实世界对抗议者所做所为的支持。与媒体和政界对车队持怀疑态度的人的猜测和指责相反，这些捐款绝大部分来自加拿大个人，而不是试图在加拿大政治和社会中挑拨离间的外国行为者。政府自己的金融安全官员在宣誓后承认了这一点。[85]

同时，钱也是大多数车队痛苦的根源。塔玛拉·利奇发起的自由车队 GoFundMe 募款活动可谓一炮走红，在短短一周内达到 100 万美元。GoFundMe 要求利奇和车队匆忙组成的财务委员会提供有关如何分配资金的细节。该公司称这是标准做法，而不是给车队设置特殊障碍。经过几天的讨论，GoFundMe 在 1 月 27 日发放了 100 万美元，这些钱在 2 月 2 日进入了利奇在道明银行的个人账户。GoFundMe 在放出更多资金之前还有更多问题。在 2 月 1 日给利奇的电子邮件中，GoFundMe 要求她确认资金只用于报销燃料费，而不是食物和住宿，并且只限于那些"从事和平和合法抗议活动的人"。该公司询问最初的 100 万美元已经分发了多少（答案是没有，因为它还没有进入利奇的账户），利奇是否会发布更新，重申抗议活动应该保持和平，第二次发放的资金将支持多少参与者，等等。GoFundMe 还表示，它将"与当地执法部门联系，以获得涉嫌在抗议活动中从事非法活动的个人的信息"。

2月2日，GoFundMe告诉利奇，它正在对筹款活动进行"审查"，这意味着不能接受新的捐款，因为"有报道称渥太华的抗议者可能有非法活动，而且一直没有回应我们多次要求的，保证GoFundMe上筹集的资金没有被或将被转移给涉嫌非法行为的个人"。GoFundMe希望得到某种形式的证明，即只有那些"和平和合法的抗议"才能得到资金。该公司表示，其对和平与合法的定义意味着"不封锁道路和高速公路"。宪法自由正义中心（JCCF）的律师伊娃·奇皮克（Eva Chipiuk）和基思·威尔逊（Keith Wilson）干预进来。他们从抵达渥太华的那一刻起，就不得不一头扎进资金争夺战中。在2月3日的电子邮件中，威尔逊告诉当时正坐拥1000万美元车队捐款的GoFundMe公司，所筹集的资金将用于支付费用，车队是和平和合法的抗议活动，而且车队"致力于透明度和问责制"。显然，该公司没有被说服。

2月4日，GoFundMe突然取消了"2022自由车队"的众筹活动，没有给利奇、威尔逊或奇皮克任何通知。该活动被下线，任何试图访问该活动的人都被转到一篇博文中，该公司声称它有"来自执法部门的证据，表明以前的和平示威已经变成了占领，警方报告了暴力和其它非法活动。"不过没有出示任何证据。组织者告诉我，他们没有被告知任何具体细节。渥太华市长吉姆·沃森承认，他和该市的警察向GoFundMe提出了"请求"以终止该活动。[86]

GoFundMe承诺将筹集到的资金转给"由2022自由车队组织者选择并经GoFundMe核实的可靠的既定

慈善机构"。在强烈而迅速的反弹之下，第二天公司就撤回这个安排并同意自动退还捐款。[87]

在 GoFundMe 取消筹款活动的同一天，道明银行冻结了利奇用来接收电子转账和筹款活动最初的一百万美元的银行账户。组织者说，此举也是在没有通知的情况下进行的。利奇是在去一家分行安排电汇或银行汇票支付自由公司预订的飞机包机到渥太华时才知道账户被冻结的。道明银行说，它正在冻结这笔钱，同时调查这笔钱的来源——这是一个奇怪的借口，因为 GoFundMe 对这 100 万美元做了自己的尽职调查，道明银行可以很容易地看到从其他捐助者直接转到利奇账户的钱的来源。这是车队将面临的众多财务和法律打击中的第一个。

同样在 2 月 4 日，渥太华律师保罗·钱普（Paul Champ）向威尔逊提起了一份 980 万美元（后来增加到 3.06 亿美元）的针对车队的集体诉讼。原告是一名联邦政府雇员李泽熙，尽管她代表的是渥太华市中心的一般居民。被告是克里斯·巴伯、本杰明·迪克特、利奇、帕特·金和 60 名"无名氏"卡车司机。与诉讼同时进行的还有一项禁令申请，要求停止鸣笛，因其使渥太华噪声环境恶化，或者用钱普的话说，造成了"重大精神痛苦和伤害"。在听取了该案后，法官在下周一批准了该禁令。在十天内（后来进一步延长），渥太华实际上禁止鸣响空气喇叭或火车喇叭。警方有权逮捕和驱逐任何违反禁令的人，法官命令利奇和巴伯在社交媒体上分享该禁令。阴谋论在网上涌现，认为李泽熙是自由党的特工或外国特工。她是渥太华市中心的居民，确实受到了车队的干扰，这使她成为诉讼的最佳人选，因为卡车司机显然不会离开这里。该禁令被吹嘘为车队的损失，但我采访的所有组织者都说他们暗自感激。从一开始，车队的喇叭声就是泛滥无边的。禁令给了组织者一个理由，告诉卡车司机他们需要停止鸣笛，同时可以相互监督。从那时起直到车队结束，关于噪音的投诉就很少了。

* * *

在 GoFundMe 失败后，车队立即在美国基督教众筹平台 GiveSendGo 上设立了一个活动。它的网站远没有 GoFundMe 的网站精美，但它致力于这项事业，原则上反对取消文化。GoFundMe 发生的事情成为国际新闻，特别是在美国，那里的政治右派已经对大科技公司利用其力量压制保守派的声音感到警惕。GiveSendGo 的服务器无法支持巨大的流量。尽管该公司的技术团队试图尽量满足需求，该网站还是时好时坏。捐款激增，一些人将他们退还的 GoFundMe 捐款重新定向，并经常将其加倍或三倍，以证明自己的观点。除了他们对疫苗强制的立场外，卡车司机还在与大科技公司和大银行的斗争中成为劣势者。GiveSendGo 活动在 GoFundMe 活动的三分之一时间内达到了 1000 万美元。

与此同时，安大略省政府正在秘密地将车队的组织者告上法庭，以切断资金。2 月 10 日，安大略省总检察长获得了一个单方面的听证会，之后安大略省高等法院的一名法官发布了一项限制令，禁止代表车队或"领养卡车"花费或"以任何方式处理"捐赠给 GiveSendGo 活动的资金。该命令在全国范围内具有约束力。任何接触过受影响资金的加拿大银行账户都被冻结。美国的 GiveSendGo 并不认为这是一个问题。

"要知道，"GiveSendGo 在 2 月 10 日的一条推特上说，"加拿大对 GiveSendGo 公司如何管理我们的资金绝对是零管辖权。"[88]

无论该公司如何自信，安大略省法院的命令消除了将资金运入加拿大的任何法律途径。几天后，事情变得更加棘手，钱普秘密申请了玛瑞瓦禁令（Mareva Injunction，诉讼保全措施——译注），这是一种防止欺诈的工具，用于防范被告知道针对他们的诉讼而转移资金。2 月 17 日，法官批准了这一禁令，将自由公司及其董事会成员，以及其他组织者和志愿者的银行账户甚至加密货币钱包纳入其中。由于玛瑞瓦禁令，GiveSendGo 活动中付给车队的 400 多万美元被加拿大支付处理公司 Stripe 冻结。

大约在同一时间，一名黑客访问了 GiveSendGo 活动的全部捐赠者日志，公布了该活动捐赠者的姓名、电子邮件、地址和捐款数额的清单。主流媒体开始对名单详究，并对捐赠者进行人肉攻击。[89] 一名安大略省政府雇员被记者发现她向车队捐赠了 100 美元，并向安大略省长道格·福特的办公室询问此事后，当场被解雇。（她后来就解雇一事对她的前雇主提起诉讼。）[90] 泄露的数据显示有来自加拿大以外的捐款，但这并不奇怪，因为 GoFundMe 取消车队和政府针对 GiveSendGo 资金的做法得到了全球媒体的广泛报道。数据还表明，许多加拿大人受到了卡车司机的鼓舞：一些公司捐赠了数万美元。安大略省伦敦的一位商人捐赠了 25,000 美元，当媒体试图为此羞辱他时，他非常高兴地解释，对他来说，采取反对政府过度扩张的立场是多么重要。[91]"我不准备接受一个对我的家人、我的孩子、我的朋友、我的邻居和每个其他加拿大人来说没有自由的国家。"这位捐赠者霍尔登·罗兹（Holden Rhodes）在给《伦敦自由报》（London Free Press）的一份声明中写道。[92]

然而，GoFundMe、渥太华市、安大略省政府和主流媒体不明白的是，真正点燃车队运动的，并不是金钱。

* * *

卡车司机在出发前往渥太华时被承诺会得到补偿，他们中的大多数人通过现金捐款得到了补偿；其他人没有期望，但对得到的资金表示感谢。有趣的发展是，大多数组织者预期他们必须支付的东西——食物、衣服、设施——往往显示为实物礼物。另外，在车队中，现金是王道。"这太疯狂了，"惠灵顿街街区队长大卫·佩斯利说，"把钞票直接塞给人们，把钞票在握手时顺过去，把钞票夹在圣经里，把钞票夹在卡片里。"

人们是如此慷慨，如果有人拿一个桶出来，很快就会被钱装满。这就为人们利用他人的善良本性打开了大门，至少有一个被广泛宣传的案例，一个人从他人那里收集了数千美元，同时向媒体声称他在车队中帮助他人时耗尽了自己的毕生积蓄。[93]

没有人能够给出一个准确的数字，说明有多少现金转手，但一定是一个很大的数字。有些是直接交给卡车司机的；有些是捐赠给组织者的（每次数千美元），以便分发给卡车司机。大宗燃料订单花费了数千美元。卡车毕竟是卡车，东西坏了，需要更换，这有时也要花费数千美元。然后还有指挥中心和主舞台的酒店和设备费用，等等。大部分需要的东西都是用现金支付的。

处理现金捐款是瑞士酒店指挥中心的常规工作之一，自由公司的首席会计师查德·埃罗斯（Chad Eros）在那里负责。进出瑞士酒店的每一块钱都有记录，但组织者仍把现金当作烫手山芋。考虑到安全和他人观感，他们拒绝将现金放在瑞士酒店。"这真的像一部电影。"利奇说。"现金会进来。有人会数钱，把它塞进信封里。我们会把它塞进我们外套的口袋里，然后跑到任何地方，尽量把它发出去。"

燃料分配主管约翰说，他记得有一天，超过9万美元被装在信封里发给卡车司机，每个信封里有500美元。所有的钱都是以难以预计的现金捐赠的形式出现的。

最令人感动的往往是那些较小数额的捐赠。我听到一个故事，一个有固定收入的老妇人随便给了一个卡车司机一张10美元的钞票，因为这是她那个月唯一能拿出的钱。还有人组装了一个小的盥洗用品袋，里面有5美元的钞票或Tim Hortons礼品卡。

组织者们将目光投向了加密货币，试图完全规避传统金融。除了加密货币的波动性之外，很多卡车司机甚至一些自由公司的董事会成员根本不了解它们是如何运作的，或者对它们天生就不信任。迪克特是比特币的忠实拥护者，并积极推动为车队收集比特币捐款的渠道。一个名为NobodyCaribou的加密货币倡导者帮助向卡车司机分发了信封，上面有详细说明如何获取为他们分配的比特币。比特币的公共账本显示，其中大部分（尽管不是全部）实际上是由卡车司机按指南访问的。[94] 冻结禁令确实包括几十个比特币钱包，尽管实际上，鉴于比特币的分散性，法院没有技术手段来冻结其中的许多钱包。

比特币的例子是很多情况中的一个，车队在门被关闭时找到了一扇窗。任何时候，只要网上筹款出现法律或政治障碍，现金捐款就会激增。虽然有大量的钱，以至于没有人能够或愿意给我一个确切数字，但钱仍然是一个表现，而不是车队发展的原因。这是一个微妙之处，但媒体只盯着钱本身，不会言及于此。有多少钱？如何使用这些钱？组织者会不会带着钱跑掉？这些都是涉及八位数金额的合理问题。我自己也问了其中几个问题。但这些问题确实倾向于夸大金钱对运动的重要性。

* * *

2月6日星期日，警察突袭了考文垂，这是车队的集结地和燃料分配中心，最初是警官们帮助建立的。当车队在渥太华已经度过十天之际，几十名全副武装的警察在傍晚时分来到现场，他们扣押了一辆油罐车并开走了几辆车。狙击手俯瞰着这次行动，这是车队真正遇到的第一个公开的执法措施。

燃料分配负责人约翰说，他通过车队的警方消息来源收到了关于这次行动的线索，并立即要求在考文垂全体人员到场。到那时为止，燃料配给的做法是只分配所需的最低限度。随着一场突袭的到来，一个新的计划应运而生。约翰对他的团队说："把所有的东西都放出来。我不在乎你在做什么。每一滴燃料都需要放在油箱里。我不关心战略。我不关心它去哪里。你看到一个油箱，它没有被填满？把它加满吧。"

当天下午 5 点左右，约翰得知他的一名燃料志愿者被警察逮捕。他打了电话，要求停止燃料输送。虽然他不会阻止任何想继续加油的人这样做，但他不想因为他的命令而让任何人处于危险之中。但事实证明，这个快速决定是不必要的，约翰说。他们已经设法清空了他们在考文垂的几乎所有燃料。这些燃料要么在卡车上，要么在前往市区的路上。警方说，他们缴获了 3200 升燃料，但据约翰说，这些燃料几乎都不是运往卡车的。[95] 在安大略省，农业、建筑业和林业等行业的企业可以购买免税柴油，用于机械和越野车。这种燃料被染成红色，以区别于司机在公共道路上驾驶的车辆所需要使用的含税燃料。抗议者在发电机中使用彩色燃料，但没有在卡车中使用。警方缴获的几乎都是彩色燃料。约翰说："这些傻瓜得到了我们反正也用不到的东西。"他毫不掩饰自己的喜悦。

随着突击检查的消息传出，燃料开始大量涌入。"就在那天晚上，在两个小时内，我们就把他们缴获的数量增加了一倍，而且现在都是'未染色'的，所以我们可以在卡车上使用。"约翰说。"每一次他们做出这样的过度反应，都是搬起石头砸自己的脚，我们得到的东西是我们原来拥有的两倍。"

第二天，数以百计的人拿着油桶在渥太华市中心走来走去，有些装满了柴油，有些则是空的，只是为了给警察捣乱。那天之后，有一些小规模的燃料被扣押，但在大多数情况下，警察让步了，约翰能够恢复他在突袭前制定的燃料交付计划。

总而言之，车队一直能够为抗议者提供他们所需的资源，使他们能够在整整三个星期内留在现场。虽然燃料需要调配，但除了早期组织者还在尽量想办法的时候，燃料从未出现过短缺。食物更不是一个问题。有足够的钱来支付开支，包括充气城堡和自动播放机。政府、法院和科技公司竭尽所能，让抗议者的处境更加艰难；但却无法真正让他们失去金钱、食物、燃料或热情。

第十一章
会谈

在车队抵达渥太华之前,组织者就以与执法部门保持畅通无阻的沟通渠道而自豪。大量的短信、电子邮件记录和电话记录显示了这种联系是多么的频繁。车队组织者有两个主要联络人,一个是渥太华警察署,另一个是安大略省警察。我所看到的组织者和他们的联络人之间的书面互动总是很亲切的,尽管通过我与组织者的谈话可以看出,他们从来没有完全信任警察。克里斯·巴伯在前往渥太华的整个过程中都与官员交谈。建立"领养卡车"的克里斯·加拉在抵达前与警察谈了大部分关于渥太华当地的计划。前加拿大皇家骑警丹尼·布尔福德作为组织者的中间人参与了安全事务。到了1月30日,前加拿大武装部队上尉汤姆·马拉佐也加入其中。

马拉佐每天与安省警方联络员通话,讨论正在发生的任何事情,往往围绕着应急车道和道路关闭——作为一个曾在救护车上待过的孩子的父母,马拉佐对这个领域特别感兴趣。即使马拉佐每天都打电话,布尔福德还是继续与警察保持沟通,塔玛拉·利奇也是如此。后来,律师基思·威尔逊和伊娃·奇皮克开始在讨论中发挥更积极的作用,特别是随着法律风险的增加。结果常常是,不在一个频道上的众多组织者,与来自不同机构同样不在一个频道上的众多警察进行交叉式沟通讨论。

警方和渥太华市最关心的问题是卡车出现在住宅街区。车队从未打算扰乱住宅区，但当市中心人满为患或道路关闭阻碍他们进入时，许多人就把车停在核心区以外的地方。

虽然安省警察、加拿大皇家骑警和议会安保部门都参与其中，但渥太华警察局是牵头机构。车队运行的时间越长，渥太华警察局长彼得·斯洛利面临的批评就越多。该市警察服务委员会的成员批评他没有更积极地努力驱逐车队。早期，他承认车队可能需要一个政治解决方案，而不是警务解决方案，而这正是组织者所寻求的。[96] 斯洛利后来说，该市需要更多的资源——诸如 1800 名额外的警察和工作人员，以管理现场。[97] 车队组织者对斯洛利处理他们的抗议活动普遍感到满意，因为正是在他的领导下，他们才得以占领渥太华市中心。这也解释了为什么那些希望车队离开的人对斯洛利的支持度不高。马拉佐担心斯洛利会辞职或被解雇，他怀疑这将迎来一个方法截然不同的继任者。他可谓一语成谶。"我们想减轻彼得·斯洛利的压力。"马拉佐说。"我们知道，如果我们不这样做，警察就会被迫加大他们的工作力度。"

为了做到这一点，马拉佐希望为渥太华市减轻压力。警方和渥太华市的一大症结是卡车群堵住了里多街和苏塞克斯大道，这里通常是一个交通繁忙的十字路口，位于里多运河以东，离国会山只有几个街区。在整个抗议过程中被关闭的里多购物中心（Rideau Centre）位于该十字路口的东北角和东南角。该十字路口还靠近劳里埃城堡（Chateau Laurier）、美国大使馆和拜沃德市场等区域。警察和车队组织者一个共同的问题是，在那里扎营的卡车司机个个顽固难缠。他们中的大多数人都是自己来的，没有和任何有组织的车队一起。当警方要求清理该路口时，马拉佐和利奇对此持开放态度，但很难得到卡车司机的支持。渥太华市长指责车队是"对我们社区的侵略性和仇恨性的占领，这与卡车司机对疫苗强制的争吵毫无关系"[98]，正如马拉佐所理解的那样，让司机为渥太华主动提供更多便利，确实是很难做到的。[98]

2月8日，马拉佐被邀请参加渥太华市政厅与渥太华城市经理史蒂夫·卡内拉科斯（Steve Kanellakos）的秘密会议。他与威尔逊和奇皮克一起出席；四名渥太华警察和安大略省警察联络员也在场。威尔逊、奇皮克和马拉佐在进入会议的途中被警察搜身，并被拿走了手机。他们没有反对，但认为这一措施表明双方缺乏信任。威尔逊说，他准备了一个橄榄枝——承诺接受延长即将到期的鸣笛禁令。

在会议期间，马拉佐和威尔逊说，他们将尝试把卡车从市中心的住宅区移走，并清理里多街和苏塞克斯大道交叉口；警方同意暂时移除他们的混凝土路障，以便卡车能够进入惠灵顿街。"我们不能控制他们，"威尔逊说，"我们甚至不知道他们是谁。没有人是通过报名来参加的。这不是冰壶比赛，也不是高尔夫比赛。我们不能说'哦不，对不起，这是你的发球时间，先生。你现在不能从这里开球了。'"

在这次会议之前，没有任何政府——市级、省级或联邦——以任何方式正式承认这个车队。之所以保持沉默，是因为没有人希望他们取得的进展被媒体质疑，为什么市政府要让车队合法化，或者车队的支持者质疑为什么他们的领导人要出卖他们。

威尔逊说他们都同意，如果有人知道这次会议，就会说这只是车队领导人和警察之间的会议，不涉及城市经理，选择市政厅只是因为它是中立的地盘。会议的消息没有泄露，威尔逊猜测此举增加了市政府和警方对他和车队领导人的信任。

马拉佐认为，放弃里多街和苏塞克斯大道在战术上是一个糟糕的举动，因为如果所有的卡车都排在一起——在惠灵顿街上——警察就会更容易扑上去把它们赶走。但他也相信，有些事情是必须要做的。威尔逊和利奇赶紧把十字路口的卡车司机叫上车。一些人仍然顽固不化。其他人认为这是个陷阱，他们和车队负责人被警察蒙蔽了。但他们还是以某种方式让卡车司机们同意了。警方准备动用前端装载机来清除混凝土路障。

行动定于 2 月 10 日晚进行。威尔逊和利奇在现场与卡车司机和警察一起工作。车队的草根属性再次给他们造成了障碍。情况很快就陷入了混乱。一群示威者认为装载机是用来拖走卡车的，他们包围了装载机。对峙的消息在社交媒体上传播，特别是音频消息应用程序 Zello，促使抗议者从国会山涌入。在半小时内，没有一千也有数百人，围着警察和市政的车辆，唱着国歌"噢！加拿大（O Canada）"。威尔逊建议警方取消行动。当警察单方面离开该地区时，抗议者们欢呼起来。里多街和苏塞克斯大道一直保持封锁状态，直到车队运动结束。

***

就在马拉佐与渥太华市政经理谈话的同时，另一个隐秘通道也在打开。安大略省省长道格·福特的前幕僚长迪安·弗伦奇（Dean French）被车队所吸引。随着时间的推移，眼见抗议者和渥太华市政府之间的关系越来越紧张，他看到了一个机会，可以将他的政治人脉和调解经验融入其中，以帮助达成解决方案。弗伦奇认为车队的领导人是"骄傲的、心胸宽广的加拿大人……为正义的事业挺身而出"。[99] 他与市长吉姆·沃森的关系也很好，这可以追溯到他在福特办公室工作时的合作。要求弗伦奇帮助的呼声实际上来自纽芬兰省前省长布莱恩·佩克福德（Brian Peckford），他通过保守派圈子认识弗伦奇。自1982年《权利与自由宪章》通过以来，佩克福德是最后一位在世的首席部长。在整个大流行病期间，他一直直言不讳地批评政府通过强制和封锁滥用宪章。未接种COVID-19疫苗的佩克福德也在起诉联邦政府对航空旅行的疫苗强制（他由威尔逊和JCCF代理）。应佩克福德的要求，弗伦奇打电话给沃森，看看可以采取什么样的会谈来缓和局势。

弗伦奇担心有人在睡眠不足的情况下——不是警察就是卡车司机——以某种方式坏事。事情变得越紧张，局面失控爆发的风险就越高。他寄希望于双方都能明白这一点。

"他当然有兴趣达成一个解决方案，"弗伦奇谈到沃森时说，"他们在渥太华的事情没有任何进展。"

在得知沃森的开放态度后，弗伦奇联系了威尔逊，看看车队组织者是否愿意坐下来。把组织者聚集在一起往往像赶猫一样，但威尔逊毕竟得到了利奇和自由公司董事会的支持，至少听取一下弗伦奇的意见。弗伦奇认为，抗议者有权在惠灵顿街上活动,但不包括住宅区。他说,他向沃森和车队负责人都明确表示了这一点。

弗伦奇没有得到任何人的报酬:他认为他可以提供帮助,并且很乐意这样做。2月11日,他飞往渥太华,租下威斯汀酒店24楼的"文艺复兴"会议室。他对自己的使命有很强的紧迫感:在他看来,市政解决方案的跑道越来越短了。2月10日,有消息称福特省长即将启动省级紧急状态。这主要是由封锁造成的加美边境滞留引发的,但该省的这一举措将挑战渥太华对抗议活动的自主权。尽管他与福特一直保持联系,但弗伦奇的谈判只是在市政层面上进行。

与弗伦奇在威斯汀酒店的会面中,组织者承认他们从未打算在居民区的街道上活动,因而同意让卡车离开,或者至少试图让卡车离开那里,这个问题不大。弗伦奇获悉几天前马拉佐在市政厅召开的会议,但他也知道没有什么具体的结果,特别是在前一天晚上清理里多和苏塞克斯的尝试失败后。会议结束后,弗伦奇把意见带回了沃森的办公室,几个小时后,他带着一份建议回来,让威尔逊带给利奇和董事会。

经过一番反复拉锯,弗伦奇、渥太华市政府和车队组织者同意沃森和利希发表公开信——先是沃森,然后是利奇,特意经过一点时间,以掩盖它是事先设计的。在2月13日星期日下午发表的信中,沃森提出与利希会面,讨论抗议者的关切,条件是将所有卡车从住宅街道和考文垂移走,并同意不在这些地区部署更多卡车或抗议者。信中要求在2月14日(星期一)中午之前有离开居民区的"明确证据"。"我期待着你们的抗议运动展现这些富有意义的步骤,以示对我们社区的善意。"沃森写道。

"我希望我们能够取得进展，以减轻这次抗议及其占领我们核心区和其他住宅区对渥太华市中心的居民和企业造成的极端和不应有的负担。"

这封信是写给 2022 自由车队主席利奇的。威尔逊觉得这是一个胜利，车队作为一个实体终于获得了政府的认可。

利奇的信在不久后发表，肯定了卡车司机们"一直在进行和平抗议"。她写道："我们已经制定了一个计划，整合我们在国会山周围的抗议部署。我们将在未来 24 小时内努力争取卡车司机的支持，并希望在星期一开始重新布置我们的卡车。"

信件发表时，重新部署实际上已经开始，计划在 2 月 12 日移动四十到五十辆卡车。第一前提就是填满惠灵顿街，那里放不下的卡车都会运到城外的营地，如 88 号或阿普里尔。利奇分发了一份由她和路长以及自由公司董事会成员签署的"自由宣言"。在这份文件中，他们表示整合是确保车队继续呆在渥太华的最佳方式。文中说："我们需要重新布置所有卡车，总理正迫切想找到一个借口使用武力和扣押我们的卡车，我们不会让他得逞。"

威尔逊说，最初，市政府希望在二十四小时内完成整个迁移工作，但车队管理人员坚持认为至少需要七十二小时。弗伦奇和威尔逊看到第一天的搬迁工作基本顺畅。开始的时候略有阻碍，没有得到通知的警察不让卡车通过，但事情很快解决了。渥太华市政府似乎也乐见其成。

星期天，也就是第二天，路长们又安排了几十辆卡车通行，但被警察所阻。与前一天不同，警察拒绝让步，说该行动只限于二十四小时之内，仅此而已。一群警察去了瑞士酒店，威尔逊说他在那里向他们"宣读了《暴动法》"。接到一个电话之后，估计是上级打来的，其中一名警察向威尔逊道歉，承认他们弄错了，将在当天剩下的时间里协助搬迁。事情顺利地进行了几个小时，直到那些信件的原委被曝了出来。

《城市新闻》（City News）报道了沃森和车队组织者达成协议的消息。车队发言人本杰明·迪克特在推特上发布了该视频报道的链接，称其为假新闻。[100]"没有达成任何协议，联邦政府还没有取消其强制和护照。"他写道。"不要看假新闻，这对你的心理健康不利。这完全是假的。"

利奇在晚上 8 点 27 分（沃森发表信件近 5 小时后）转发了迪克特的帖子，并补充说："媒体对他们的观众撒谎。没有达成任何'交易'。结束授权，结束护照。这就是我们在这里的原因。"

威尔逊对这种业余的、惹火烧身的通信危机颇为气恼。部分原因在于一切发生的速度太快了。另外，由于讨论的秘密性质，这个计划并不为更多的组织者所知。迪克特并没有被特别排除在外，但由于正在治疗脚踝骨折，他被困在自己的酒店里，缺席了那个重要的会议，如果有更好的行动能力他本可以参加的。威尔逊不知道为什么经常打电话参加会议的迪克特没有参与到与渥太华市政府的协商中。迪克特告诉我，他还得到了明显错误的信息，包括没有进行过谈判，而事实上，应该是说没有人承认正在进行谈判。

利奇当晚在推特上进行了更正，承认有一项协议。为了挽回面子，她说她早先对这篇报道的否定是指没有与联邦政府达成协议的事实。车队领导层继续坚持认为，联邦政府必须在疫苗强制和护照问题上做出让步,他们才会考虑进行会晤。该协议被媒体广泛报道,车队有望再花一天完成搬迁。然而紧随其后,贾斯汀·特鲁多援引了《紧急状态法》。

第十二章
紧急状态法

情人节当天，车队准备继续执行将所有卡车移至惠灵顿街或离开渥太华的计划。克里斯·巴伯发布了一段 TikTok 视频，他和律师伊娃·奇皮克与警方合作，重新安排卡车以履行协议。[101] 与此同时，基思·威尔逊和塔玛拉·利奇正准备与前纽芬兰省长布莱恩·佩克福德会面，他从不列颠哥伦比亚省的家中以包机方式飞往渥太华（因为他的疫苗接种状态禁止他进行商业旅行）。79 岁的佩克福德已经成为公民自由的代表人物，人们赞赏他反对疫苗强制接种，认为他是加拿大自由的坚定捍卫者。

利奇和威尔逊在前往埃尔金勋爵酒店会见佩克福德的路上听到了一个消息：当天晚些时候，总理贾斯汀·特鲁多将在加拿大历史上首次援引《紧急状态法》。联邦《紧急状态法》于 1988 年通过，以取代《战争措施法》，这是一部战时紧急状态法，只在第一次世界大战和第二次世界大战期间使用过，前总理皮埃尔·特鲁多在 1970 年的十月危机期间援引该法也曾引起过争议。《紧急状态法》内容广泛，除了战争紧急状态外，还涵盖公共福利和公共秩序紧急情况。据称，它还要求遵守《权利和自由宪章》，而此法制定时还不存在该宪章。但在其 34 年的寿命中，包括 1990 年的奥卡（Oka）危机、9/11、银行危机和全球性的疫情，没有一个总理认为适用该法，直到特鲁多这次。

利奇十分困惑。"我感到震惊的是，政府会为了充气城堡和这么多的爱与和平而如此大动干戈。"她告诉我。"因为我们什么都没做，对吗？所以，我有点难以置信，他们甚至没有和任何人说过话就去采取这些行动。"当他们到了酒店，威尔逊把这个消息告诉了佩克福德。"我的老天。"他回答。

"他明白此刻的严重性，总理刚刚援引了《战争措施法》——它的现代版本，"威尔逊说，"因为在渥太华有抗议者，他们带着跳跳城堡、热水浴缸、卡车和热狗，还有加拿大国旗和阿尔伯塔省旗，以及带着魁北克省旗的人拥抱带着阿尔伯塔省旗的人，你看看，并自发地唱着'O Canada'。真是恐怖，你懂的。"

佩克福德和利奇计划当天下午在喜来登酒店举行紧急新闻发布会，在特鲁多有机会自己设定议程之前。利奇宣读了一份准备好的演讲稿，用词可谓针锋相对。

"我们没有恐惧。"她说。"事实上，每当政府决定进一步捍卫我们的公民自由时，我们的决心就会加强，我们使命的重要性就会更加明确。我们在议会山将继续保持和平，但一定会扎根不动，直到强制政策彻底结束。"

* * *

"在这里，在我们的首都，家庭和小商业一直在忍受对其社区的非法干挠，"特鲁多说，"占领街道，骚扰人民，违反法律：这不是和平抗议。"

在他的公告中，特鲁多花了更多时间谈论边境封锁，而不是在渥太华发生的事情。虽然边境封锁是破坏性的（而且不是由渥太华车队指挥的），但其中大部分，包括关键的温莎-底特律口岸，在没有援引紧急状态法的时候封锁就解除了。警方在2月12日一天多一点的时间里就已经设法重新开放了连接温莎和底特律的桥梁，这些都发生在杜鲁多声称联邦政府需要介入的两天之前。阿尔伯塔省的库茨（Coutts）过境点结束得较慢，但它最终也是在没有联邦紧急权力的情况下被清除的，而且阿尔伯塔省省长杰森·肯尼强烈反对特鲁多援引《紧急状态法》。加拿大皇家骑警专员布伦达·卢基（Brenda Lucki）后来在下议院委员会上证实，警方不需要《紧急状态法》来处理边境封锁问题。[102]（渥太华市于2月6日宣布进入紧急状态，随后省级声明主要针对2月11日边境封锁。）

然而，特鲁多声称，形势非常严峻，联邦和省政府在没有《紧急状态法》的情况下无法拥有的"额外工具"成为必须。他承诺这些工具将符合《权利和自由宪章》，正如该法案所要求的那样，而且他内心深处支持自由表达和抗议的权利，但不是车队采取的这种抗议。

《紧急状态法》对什么是"公共秩序紧急状态"有严格的标准，特鲁多政府坚持认为车队造成的情况已达标准。《紧急情态法》规定，只有当存在紧迫的"对加拿大安全的威胁"时，才存在公共秩序紧急情况。这些威胁可能是间谍或破坏活动；被外国干预的竞选；带有政治目的威胁、指导或使用暴力行为的活动；或寻求暴力推翻政府的活动。[103]特鲁多表示，车队计划使用"严重暴力"来实现其政治目标。他实际上是将其称为一个恐怖组织。

特鲁多承诺，紧急措施将是"有时限的，有地域针对性的，以及合理的，与他们要解决的威胁相称的"。当这些措施真正落实到位时，看起来却并非如此。

这些命令使警方有能力限制政府认定的"关键基础设施"地区的行动。政府的清单包括边境口岸，也包括管理COVID-19疫苗的地方，以及其它地点。（奇怪的是，不包括国会山）。它还授权政府征用不情愿的拖车司机来移走车辆——这是必要的，因为许多拖车司机不想参与其中，要么是害怕报复，要么是因为他们支持车队。最重要的是，政府还对与车队有关的人发动了金融战争。

财政部长克里斯蒂娅·方慧兰（Chrystia Freeland）说："这是为了追踪资金，阻止对这些非法封锁的资助。我们今天发出通知：如果你的卡车被用于这些抗议活动，你的公司账户将被冻结。你的车辆保险将被暂停。"

方慧兰曾在周末与加拿大各银行的首席执行官会面，就如何处理车队征求意见。根据紧急命令，如果银行怀疑某个账户与车队有关，它们可以在没有法院命令的情况下立即冻结或暂停该账户。银行将受到保护，不承担任何民事责任，这意味着如果你的账户被冻结了，你也没有追索权。

特鲁多称这是"最后的手段"，组织者认为这令人难以置信，因为联邦政府甚至没有派过一名实习生与他们交流。交流讨论是否会有结果不得而知，但政府从未尝试过，因此说所有其他选项都用尽了实在难以服人。

威尔逊认为，联邦政府看到，随着渥太华市和车队组织者合作将卡车转移到惠灵顿，其机会之窗正在关闭,这将把压力集中在联邦政府身上。"他们想援引《紧急状态法》,正需要一个借口。"威尔逊说。

政府声称抗议活动有明显的暴力性质。这不仅仅是为了政治上的考虑,更重要的是为了确保援引《紧急状态法》有法律依据。在阿尔伯塔省库茨市的逮捕行动之后,这种说法稍微容易一些。2月14日,警方缴获了一批长枪、手枪、防弹衣和弹药,并指控四人密谋谋杀。[104] 警方声称这四人计划杀害加拿大皇家骑警,但在撰写本报告时,关于所谓阴谋的信息很少。联邦政府试图将库茨的团体与渥太华的抗议活动联系起来。"库茨的几个人与一个极右翼极端组织有密切联系,其领导人正在渥太华。"公共安全部长马可·门迪西诺在2月16日说。"我们谈论的是一个有组织的、敏捷的、知识渊博的、被强权即正义的极端主义意识形态所驱动的团体,这完全违背了我们的民主价值观。"

记者向门迪西诺询问他所指称的这个团体的性质和阴谋的细节。他回答说,这是一个"由少数人组成的团伙,经验老到能力强大",目的是推翻政府。当被问及他具体指的是谁时,门迪奇诺告诉记者,这是"对执法部门来说非常好的问题"。

在进一步的追问下,门迪西诺变卦了,其立场开始与他最初的说法不相一致。他说:"支持库茨行动的言论与我们不仅在渥太华而且在全国看到的那种言论非常相似,惊人地相似。"

"听起来你是在把被指控在阿尔伯塔省库茨企图谋杀的嫌疑人的言论与这里的组织者联系起来。"另一位记者说。"这是你的结论,还是有正在进行的执法调查的证据支持的?"

"不，我认为你说得很对。"门迪西诺承认。"我们在这里看到的模式是，不仅在库茨，不仅在渥太华，而且在全国各地都在使用的言论。"

加拿大反仇恨网络活动组织认为，门迪西诺所指的团体是 Diagolon，这是一个由加拿大武装部队退伍军人和在线流媒体人杰里米·麦肯齐（Jeremy MacKenzie）创建的在线社区，围绕一个虚构的国家建立。[105] 加拿大皇家骑警分享的在库茨缴获武器的照片显示了带有 Diagolon "旗帜"肩章的防弹衣，一个黑色矩形，上面有一条白色斜线。

"这是个模因。"麦肯齐在一段视频中说。"没有军队。没有民兵。没有恐怖分子。没有武器藏匿处。没有威胁、没有组织、没有计划。"[106] 他说，任何人都可以购买这些肩章，它们的存在不能被用来推断他或 Diagolon 参与任何暴力活动，他将武器的查获和逮捕斥为"假旗"行动。

* * *

大多数车队的领导人都躲在喜来登酒店的作战室里，看着特鲁多在电视新闻发布会上宣布新措施。他们的情绪各不相同。特鲁多是因为他们才采取这些特殊措施的。一个人告诉我，他们对此有一种奇怪的自豪感，如果说这一趟渥太华之行只是为了发出一个信息，而这一举措表明它被收到了。利奇不相信有这个必要。安全负责人丹尼·布尔福德并不感到惊讶，因为这恰恰证明了他的感觉，即加拿大正肉眼可见地"越来越多地走向独裁统治"。发言人本杰明·迪克特说他感到"困惑"。他认为这意味着抗议活动的结束，但也认为这将对特鲁多产生巨大的反作用，特别是有传言说他的一些党团成员对他处理大流行病的方式并不满意。威尔逊担心《紧急状态法》会给加拿大带来一个"天安门广场时刻"。他说："我觉得警察将诉诸暴力，这是我的主要想法。"

但是，当他后来阅读紧急状态公告时，威尔逊看到它特别指出，允许人们和平和合法地进行集会。紧急公告明确指出，只有当你严重扰乱商贸或关键基础设施，或支持威胁或使用针对人民和财产的"严重暴力"时，公共集会才是非法的。威尔逊知道该命令是为了对付车队，但从表面上看，它甚至不像是适用于他们。"我不知道有谁会做这些事情，"他说，"这意味着他们被允许在渥太华出现。该命令并没有阻止他们。"

渥太华警察局长彼得·斯洛利在《紧急状态法》被援引的第二天就辞职了。副警察局长史蒂夫·贝尔（Steve Bell）被提升为临时局长。2月16日星期四，贝尔警告说，任何前往"非法抗议地点参与或支持非法示威的人都可能被起诉。"[107] 宪法自由正义中心第二天给他和渥太华警察局发了一封停止信，警告他们"没有任何权力发布这样的命令"，即使是根据《紧急状态法》。渥太华警方未作回应。(威尔逊说，他并不指望他们会改变主意，但他至少要让他们知道这回事。)

正如方慧兰所承诺的那样，政府和银行开始了相关人士的财务追查。2月17日，一些组织者注意到他们的账户——支票账户、储蓄账户、信用卡、信用额度等等应有尽有，都被冻结了。没有人知道这张网会有多大，特别是在 GiveSendGo 捐赠者名单被泄露的情况下。那些捐款数额很小但绝不是组织者的人告诉我，他们也担心自己的账户会被冻结。我在 True North 节目中的捐款人也同样担心，对任何保守派融资的广泛攻击即将发生。每个人都知道一个他认识的人，其账户在捐赠了 50 美元左右后就被冻结了。其中许多冻结可能并未真的发生，但该法律行动确实产生了寒蝉效应。

自由公司董事会的每个人的账户都被冻结了。他们的名字和地址可以通过非营利组织的公司注册公开获得。汤姆·马拉佐说，甚至与车队没有任何关系的他与妻子的联合账户也被冻结了。路长肖恩·蒂森和他的妻子也遭遇同样的情况。加拿大皇家骑警在法庭上提交的一份披露文件让我们看到了警方是如何收集信息并传递给银行以触发账户冻结的。一位警官提供的资料包括从 CTV "卡车司机车队抗议活动主要参与者指南"中收集的车队组织者和活动家的照片和简历。[108] 该文件的其它部分由警方根据他们在渥太华巡逻时看到的车牌号进行的车辆记录搜索填充。

* * *

在政治上，贾斯汀·特鲁多似乎对《紧急状态法》玩得过火了。公众舆论显示，大多数人反对车队在渥太华的长期停留，但对许多加拿大人来说，援引《紧急状态法》恰恰证明了抗议者是正确的，他们对政府的过度行为已经敲响了两个多星期的警报。一项 Mainstreet Research 民意调查发现，反对紧急措施的加拿大人多于支持这些措施的人，尽管公平地说，仍有大量的加拿大人支持这些措施。[109] 即使是对车队提出拟议的集体诉讼并获得鸣笛禁令的律师保罗·钱普也说，《紧急状态法》是处理卡车司机的"危险工具，并非必要"。[110]《紧急状态法》的一项规则是，议会必须在援引《紧急状态法》的一周内投票确认该紧急状态。特鲁多是一个少数派政府，所以另一个政党必须支持自由党。特鲁多在讲话中说，对《紧急状态法》的投票将是对他的政府的信任投票，这是向反对党发出的一个不含糊的信号，即如果他们不希望举行选举，他们最好服从安排。新民主党听令行事。1970年，他们强烈反对皮埃尔·特鲁多援引《战争措施法》，但这回是一个不同的新民主党。

新民主党领导人贾格米特·辛格的政党经常与抗议运动直接相关，他努力解释政府如何有理由镇压这次抗议，而不同于其它抗议。他说："原住民土地捍卫者、气候变化活动家、为公平而战的工人，以及任何用自己的声音和平地要求正义的加拿大人，都不应受到《紧急状态法》的约束。但卡车司机的抗议活动是不同的，因为它是由'虚假信息'蛊惑的，目的是'破坏我们的民主'。"

信任动议的伎俩似乎也是为了让特鲁多自己的自由党党团保持一致。国会议员纳撒尼尔·厄斯金-史密斯（Nathaniel Erskin-Smith）在发言中提出了一连串对援引该法案的担忧，最后他让步说他"目前无意于再次举行选举"，所以他将投票支持特鲁多。[112]保守党强烈反对《紧急状态法》，魁人党团也是如此，他们不喜欢联邦政府插手省级事务的先例。在新民主党的支持下，一切都已成定局。特鲁多的"紧急情况"得到了下议院的认可，尽管投票是在车队被迫离开渥太华之后才进行的。

来自民间社会团体的反对意见非常强烈。2月17日，加拿大公民自由协会宣布它将与《紧急状态法》法庭相见。加拿大公民自由协会（CCLA）执行董事诺亚·门德尔松·阿维夫（Noa Mendelsohn Aviv）说："联邦政府没有达到援引《紧急状态法》所需的至高要求。"[113] 该协会认为，抗议活动有时会有破坏性，而抗议活动可以是具有破坏性同时也是非暴力的，或者是有破坏性但同时也是合法的。紧急命令本应是狭义的，但实际上，如果政府决定要将某次抗议活动视为非法，那么紧急命令就会延伸到这个国家的任何地方。"它们对每个加拿大人的宪法权利施加了前所未有的限制。"该协会说。

同一天，加拿大宪法协会（CCF）宣布了自己的法律挑战，旨在说明政府根本没有达到《紧急状态法》规定的援引该法的高标准。[114] 阿尔伯塔省省长杰森·肯尼的政府最初计划提出自己的法律挑战，但后来选择作为共同参与者加入 CCLA 和 CCF 的案件。[115]

在一次新闻发布会上，特鲁多坚持认为援引《紧急状态法》没有践踏公民自由或自由表达的权利。"我们不会利用《紧急状态法》来召集军队。我们没有中止基本人权或推翻《权利和自由宪章》。我们没有限制人们的言论自由。我们没有限制和平集会的自由。我们没有阻止人们合法地行使他们的抗议权利。"他说。

这些话与实际发生的情况显然并不相符。

第十三章
清场

当我在 2 月 17 日星期四回到渥太华时，整个气氛与我上次来的时候大相径庭。《紧急状态法》正在发挥作用，尽管除了额外的警察和拖车之外，似乎没有人知道它的执行情况会如何。抗议者仍然保持着他们在渥太华三个星期以来的愉快情绪——充气城堡仍然在跳动，热水池仍然在冒热气——但很明显，组织者知道他们的时间快到了。警方实时封锁了整个城市。警察在酒店、卡车和其他车队聚集地进行拉网式排查，分发整页的"示威者通知"，告诉每个人赶快离开，否则将被逮捕。渥太华警方发布的新闻稿警告说，如果人们进入安全区域，他们将遇到警察检查站，并且必须"出示豁免证明"，尽管贾斯汀·特鲁多坚持认为公民自由将得到保护。

车队的主要优势之一是其人数。组织者期待着 2 月 19 日至 21 日安大略省家庭日长周末的到来，预计支持者会激增。挑战在于警察封锁了红色区域的入口，没有人知道有多少一日游的人能够到达市中心。"如果我们能坚持到星期六，我们就肯定能坚持到星期二。"街区队长大卫·佩斯利星期四早上告诉我。

上一周车队和警察从里多街和苏塞克斯大道转移卡车时已经见识到了，当抗议者的人数超过警察时，想清理街道是很难的。然而这一次，警方基本上成功地阻止了进入市内。他们关闭了高速公路的匝道和主要通道。不过，周边还是有一些漏洞，主要是些小路，车队的支持者们在群聊中悄悄分享这些信息，以帮助引导增援部队进入城市。

我作为记者访问渥太华是合法的，但不能保证每个警察都会这样看。100 个检查站还没设立多少，我就设法赶到了市中心。与我交谈的组织者有一种越来越强的备战心态。他们不只是在谈论车队的正能量，更包括应对的战术和策略。"坚守阵地"，已经成为组织者和抗议者的口头禅。

当我登记入住时，警察正在喜来登酒店的大厅里，分发通知，并抵制一些示威者对他们进行的放下徽章转换立场的呼吁。在这些警察中，有两名指定的渥太华警察局联络员，他们一直在与车队组织者保持沟通。这种关系在《紧急状态法》生效后陷入困境：组织者认为渥太华市和渥太华警方不再有任何实际权力。无论情况是否如此，警方即将采取周末的第一个重大行动。

星期四下午，组织者克里斯·巴伯遭到逮捕。当警察靠近他时，他正和其他示威者一起走动。他在被戴上手铐时与他们进行了简短的交谈，他们掏空了他的口袋。他对拍摄逮捕过程的人发出两个指示："给我妻子打电话"和"马上把这个放在社交媒体上"。(他们都做了，虽然我不确定孰先孰后）。巴伯被关进一辆警车并开走，后来被指控犯有一系列刑事罪行：怂恿破坏活动，怂恿违反法庭命令，怂恿妨碍警察，以及妨碍财产使用和破坏财产取乐。

正如巴伯所希望的那样，逮捕的视频在渥太华的车队营地周围迅速传播，特别是在惠灵顿街。"他们现在要来抓我们所有人了。"一位抗议者告诉我。

"坚守阵地。"议会山前的平板舞台附近的一个团体开始高呼。

利奇得知巴伯被捕的消息时，正在瑞士酒店。她知道自己是下一个，不想给警察一个进入指挥中心的借口。她和自由公司董事会成员肖恩·蒂森（Sean Tiessen）、安全负责人和前加拿大皇家骑警布尔福德以及燃料分配负责人约翰在一起。他们决定给警方"提供方便"来对付他们自己，利奇说。(为了防止警察突袭瑞士酒店，志愿者们清理了所有电脑、地图和其它实物证据，"就像在电影里一样"。)

四个人一起离开了瑞士酒店。邂逅了几个警察，利奇不无天真地走上前去介绍自己，并问他们是否在找她。他们对这个问题有点疑惑，说不是。她告知对方，不管情况如何，她都会在国会山上。利奇说，所有剩下的时间里，她都想和那些人呆在一起，过去几周他们的故事和热情让她数百次流下眼泪。当她到达惠灵顿街时，她照例受到了热情欢迎。她甚至就巴伯被捕一事与主流媒体记者进行了即兴讨论。

"这不是非法抗议，这是我们的《权利和自由宪章》中规定的。"利奇说。当被问及如果她被逮捕会有什么反应时，利奇宣称："坚守阵线！"然后从媒体面前转身离开，身边的支持者们高声呼喊"自由！"[116]

利奇继续和她的团队在街上行走，但没过多久就有一名警察礼貌地走到她面前。"利奇女士，"这位警官说，"我可以在这里和你谈一谈吗？"她和她的团队开着玩笑，任由警官给她戴上了手铐，掏空了她的口袋。布尔福德要求他们也逮捕他，但他们没有立即采纳他的提议（他们确实在第二天逮捕了他，但不久后又未经指控就释放了他）。当利奇被戴上手铐带走的时候，蒂森喊道："坚守阵地！"本能地，利奇重复了这句话，这一刻后来被歪曲为某种战斗的号召，而不是现在熟悉的车队的集结号。

利奇在前一天晚上就预测到了她会被捕。她做了一个含泪的直播，在直播中她谈到了车队，仿佛它已经结束，称它是一次"疯狂的旅程"，并感谢每个人的支持。"有一个很好的机会——我认为在这一点上是不可避免的——我明天可能会去某个地方，在那里我将会得到一日三餐。"她说。"那也没关系。我对这一点没有意见。我想让你们知道，我并不害怕。我可能终于可以睡个安稳觉了。"

她要求人们"保持和平，互相照顾"，并敦促她的追随者表现出爱心，为他们在政府和媒体中的对手祈祷。

"明天终将到来，我们会度过这个难关。"她说。

* * *

没有一个组织者知道他们中谁会被逮捕。除了利奇和巴伯，知名度最高的是本杰明·迪克特，他在推特上说他已经离开了渥太华。[117] 后来他告诉我，他实际上还在渥太华，但已经离开了市中心。迪克特受到了很多车队支持者的严厉批评，他们认为撤退是懦夫行为。迪克特说，是车队的法律团队告诉他要离开。

"你是唯一一个可以就这个问题发言的人，因为克里斯在监狱里，塔玛拉在监狱里。"迪克特回忆说，律师们告诉他。"你需要离开。离开这里。"他还希望这能向警方证明，他和其余的组织者、路长和抗议者都致力于和平撤离。

基思·威尔逊和伊娃·奇皮克认为警察不会如此厚颜无耻地逮捕代表车队的律师，但他们也不确定。在被捕前，利奇敦促威尔逊找一个没人知道的地方，如果事情出了岔子，就在那里躲起来。巴伯被捕后，威尔逊和奇皮克离开了红区，找到了另一家精品酒店，这似乎是为数不多的没有在车队活动中至少扮演过某种角色的酒店之一。

律师们为自己和车队组织者做好了准备。宪政自由正义中心设立了一个 1-800 电话，如果车队的任何领导人被逮捕，可以拨打这个号码。这个号码会把打电话的人连接到一个轮流待命的刑事律师那里。如果一个人不在，就会转到下一个。威尔逊说，律师们还指导每个人被逮捕时怎么办，建议他们盘腿坐着，把胳膊放在背后，低着头以"避免被打"。

尽管有这些准备工作，威尔逊仍希望这一切都将是徒劳的——和平抗议的权利将获得胜利。即使在巴伯和利奇被捕后，抗议仍一如既往地进行着，即使暴风雪肆虐之中，也没有停止。在惠灵顿街的主食堂里，志愿者们正在煎水牛城辣鸡翅作为晚餐。在附近，有几十个人随着《痛苦之屋》（House of Pain）的曲子"跳来跳去"（Jump Around）跳舞。不清楚他们中是否有人知道这将是他们的最后一支舞。

* * *

星期五上午，警察开始向卡车和抗议者进发。由于预期的警察行动，下议院取消了预定的会议。鉴于议程上的主题是关于《紧急状态法》的辩论，这一点尤其令人震惊。在车队驻扎渥太华的三个星期里，议员们来来往往，没有任何问题。一些人避免与抗议者接触，但从未有任何安全问题报告出来。保守党议员谢丽尔·加兰特（Cheryl Gallant）在一周前的某个时间点停下来接受一名抗议者的采访，并拿当地的情绪与媒体的描述开起了玩笑。"我本来以为会有一场围攻、干草叉和火把，但我听到了音乐，我看到家人走来走去。"加兰特说。"这是种节日气氛，实际上我鼓励更多的加拿大人来这里。"[118] 下议院第一次不得不取消会议是因为警察的行动，而不是抗议者的行为。

扩大的警力出现在议会山以东几个街区的威斯汀酒店附近的里多街。警察肩并肩地站在整个街道上，一直到两边的建筑物。在大多数情况下，他们只是站在那里。每隔十到十五分钟，他们就会向前走，喊道："前进！前进！前进！"。他们似乎每次只前进六到八英尺，不过架势看起来十分瘆人。大多数人都听命服从，也有一些人反抗。有人被逮捕了——警察会把某人拉到他们的队伍后面，在后面的警察会把这个人的手腕绑上扎带手铐，然后把他们关进一辆警车带离现场。随着有关进展的消息传开，抗议者开始从惠灵顿街大量涌向警戒线。在某一时刻，警方的警戒线移动得如此缓慢，抗议者担心这一定是为了分散警方在惠灵顿的某个大型行动的注意力（事实并非如此）。到下午三点左右，警察只推进了几百米，但他们已经将十字路口周围的抗议活动推到了里多，里多变成了惠灵顿。这对接下来发生的事情至关重要。

当里多运河被冻结时，就像2月份那样，进出市中心并不特别困难。即使有警察把守，人们也能通过穿越运河或从劳里埃城堡酒店后面的马杰山公园溜进去。下午早些时候，警察的步伐表明他们要花几个小时才能到达惠灵顿的主要车队地点，如果他们能在黄昏前到达那里的话。下午我离开了警戒线。当我在下午5点前回来时，警察已经把抗议者从里多街往西推到劳里埃城堡的东部边缘。我不在的时候，他们加快了步伐，尽管我没有意识到有多快。

我站在一边，靠在劳里埃城堡通道前的柱子上，我认识的一个记者和一些摄影记者在那里扎营。我之所以选择这个位置，是因为我离队伍足够近，可以拍到一些好的视频和流媒体镜头，但又不会太近，以至于干扰警察的工作。(几个主流媒体的摄影小组就在警戒线跟前）。整个上午，当警察向前移动时，我向后移动。

突然，我听到街道中间传来一阵骚动和尖叫声。我看过去，发现骑马的警察向前冲进人群，打破了原本笔直的前线队形。我当时不知道，警察的马匹撞倒了两个示威者，包括一个带着助行器的土著老妈妈。我不能确定，但看到警察整个上午的行动以及他们此时的情况，这看起来是一个错误。警方声称，这些马匹是为了应对有人向他们投掷自行车，但在流传的有关该事件的任何录像中都看不到自行车。[119]

一些警察咄咄逼人地朝我和其他人站立的地方走去，有效地将我们夹在劳里埃城堡的混凝土门廊前面。但我们离前线仍有一段距离。几秒钟后，我的脸上感觉一湿。我的直觉是有人向我泼水,但一瞬间,灼热的感觉告诉我不是这样。我的左脸火辣辣的,是被喷了胡椒喷雾。一张记者拍摄的照片显示,我难以置信地蜷缩着身体。一个女人好心地把瓶装水倒在我的脸上,不过没有什么用。作为一名记者(也是一名千禧一代),我立即拍了一张自拍,并在推特上发了出来,双眼受到影响,眯着眼睛看自己打字。

我并不是唯一一个被警察袭击的记者。纽约摄影记者亚历克斯·肯特(Alex Kent)说,他在拍摄警察活动时被绑上扎带手铐,"掐住脖子",并因"捣乱"被拘留。他的编辑花了 30 分钟才谈妥释放。Rebel News 的亚历山德拉·拉沃伊(Alexandra Lavoie)在前线附近拍摄时,被某种气体罐击中腿部。渥太华警方似乎毫无悔意,告诉媒体"保持距离",除非他们想"被逮捕"。[120]

在这场对峙中,劳里埃城堡前有数百名抗议者,不过当他们意识到马匹和胡椒喷雾也在其中时,许多人开始散去。一位妇女难以置信地哭着说:"这是在我的国家发生的事情。"很多抗议者真诚地相信警察是站在他们一边的。当警察靠近时,一位在平板舞台上的发言者通过公共广播系统敦促警察"记住你们的誓言"。一些一线警察至少在私下里支持车队,但这并不能阻止他们履行职责。(也就是说,我的一个警察联络人在车队期间一直在向我提供信息,他说有几个警察在那个周末请了病假,因为他们"干不出这种事"。)

当我最后离开现场,要回到酒店好好冲洗一下眼睛时,我在惠灵顿街营地的边缘经过了一个七十多岁的妇女,她带着一个助行器。她误以为我是一个抗议者。她告诉我:"我在这里坚守,但梅特卡夫街那边需要更多的人。"她说。我不知道她在面对上千名警察时表现如何,但我不得不佩服她这种精神。

抗议者试图加固他们的阵地,使警察更难推进。他们移动了警察的木制路障和备用轮胎,并将其包裹在雪中。一度时间,如果不爬上这些雪堆,你就无法从惠灵顿街向西走到国会山,后来有人开辟了一条小通道。人们拿起他们能找到的任何雪铲,加入了这一努力。它没有取得什么成果。到了周五晚上,警方将抗议活动控制在惠灵顿街的几个街区,他们征召的拖车司机迅速将卡车从所有新的安全区域拉出来,并将它们开到一个扣押场。

在惠灵顿街大镇压的当天,出现了一个奇怪的副剧情。《纽约时报》在一条推特和一篇报道中提到,警察"在枪口下逮捕了示威者。"[121]加拿大记者们认为这一说法耸人听闻,不够准确。加拿大广播公司的卡罗尔·奥夫(Carol Off)讽刺说,他们应该"再努力一点,把故事讲对"。CBC 的吉内拉·马萨(Ginella Massa)称其为"错误的、令人难以置信的危险言论"。全球新闻的赛事记者艾哈迈尔·汗说,这种说法"损害了新闻业",等等。一些人因此取消了他们对《纽约时报》的订阅。

这场争吵不无荒唐,因为的确有警察在进行逮捕时拔枪的照片,包括一张广为流传的警察将步枪对准他们试图清理和拆除的露营车的照片。街区队长兼直播员大卫·佩斯利说,他本人在其颇有名声的广播棚内被用枪指着逮捕。当时他正在进行直播:摄像机正在播放外面发生的事情,这样他被逮捕的音频也直播了出去。[122]《纽约时报》后来向暴徒投降,从其报道中删除了"枪口"这句话,尽管它是准确的,但奇怪的是有很多人偏要假装不知道。

* * *

在某些程度上,周六上午的情况比较平静。年长的抗议者和有年轻家庭的人似乎意识到这不是一个稳定的环境,所以他们大多避开了,要么完全离开渥太华,要么远离前线。许多周末一日游的人被警察拒之门外。一些人把车停在几公里外,徒步进入。警方的警戒线难免有漏洞,但总的来说坚不可摧。周五晚上,一辆挂着旗帜和迷彩贴纸的大型皮卡车开到了我的酒店。我和司机聊天,他是一名法裔加拿大人,我问他是如何穿过警察的包围圈的。他似乎对这个问题感到困惑,不以为然地说:"我只是走了不同的街道。"

周五晚上我因胡椒喷雾的事离开红区去往医院(一位远程保健护士告诉我,如果症状在几个小时内没有减轻,我应该去检查)。周六凌晨3点左右,我回到红区时,警察没有拦住我乘坐的出租车。

下议院周六复会,议员和工作人员被锁在大楼里,入口处有重兵把守。一夜之间,警方设法保护了惠灵顿街的大部分地区,并利用根据《紧急状态法》征召的拖车操作员,移走了几十辆卡车。在许多照片中,公司的标志被遮盖起来,拖车司机戴着全脸面具以保持匿名。

在周五将抗议者推向西部后,警方在周六试图将他们推向南部。人们担心警察正在采取所谓的"围堵",这是一种有争议的人群控制策略,即警察将示威者限制在一个特定的区域,要么把他们赶出去，要么把他们困住并进行大规模逮捕。到下午早些时候，警方已经设法将抗议者逼到惠灵顿以南的一个街区，即行人专用的斯帕克斯（Sparks）街。他们刚占领了一个路段，市政工作人员就会进来并竖起围栏。

渥太华最后剩下的组织者之一汤姆·马拉佐下午 1 点在埃尔金勋爵酒店召开了一个新闻发布会。他通知了一个警方联系人，要求不要拒绝任何人进入，因为他要呼吁和平撤离渥太华。马拉佐强调了一个一贯的主题，即车队是一个没有任何领导人的草根运动。他表示不确定加拿大的民主是否能经受住权力滥用的考验。"当警察到来时，暴力就向我们袭来。" 他说。"警察带来了暴力，为此，作为一个运动，我们选择和平地撤出渥太华的街道。被警察残暴对待没有任何好处。"

马拉佐呼吁警方拆除路障，以便剩余的卡车司机能够开车离开。这与他在短信中向他的 OPP 联系人提出的请求相似。这位警官回答说，卡车司机应该让他们的车辆不上锁，这样就可以在不打破车窗的情况下进行清场。

马拉佐承认，他不能强迫卡车司机离开渥太华，但希望他们能免受警察的进一步伤害。这是一个很难与"坚守阵地"相提并论的信息，在那个周末，组织者和抗议者都越来越频繁地宣称这一点。他告诉我，"被当作警察的人肉沙袋是没有任何价值的。"当警察采取激进的策略时，赌注被提高到这样的程度，即不要求抗议者离开就是把他们置于危险境地，而这与车队的非暴力、和平精神相悖。

迪克特认为马拉佐的撤离发布会简直莫名其妙，而且太晚了，没有任何作用。他说，他自己一天前的消息也达到了同样的目的，当马拉佐在埃尔金勋爵酒店走上讲台时，每个人都已经离开或被逮捕。"又是一场未经我们任何人授权的新闻发布会，"迪克特说，"可恨的行径，他们一直在这样做。事情都已经关门大吉了，他们还在一如既往地这么干。"

　　在这一切发生的时候，利奇仍然在监狱里。后来她才得以了解到关于警方如何打击的所有消息。"我突然就泪流满面。"利奇在谈到看到这些录像时说，特别是马踏事件。"我说'他们怎么能这样做？他们怎么能对自己的人民这样做呢？'"

第十四章
余波

到周日早上,警方已经从车队手中夺回了渥太华。一夜之间,沿斯帕克斯街一路安装了围栏,警察在国会山周围维持着坚固的边界,你只能在几个戒备森严的入口点通过。警察在外围的街道上巡逻,威胁要逮捕任何不离开国会山的人。根据法律条文,即使有《紧急状态法》,也没有禁止合法活动或集会,但警察似乎并不在意。我四处走动记录了一些人轻描淡写地称之为"惠灵顿之战"的后果,不过所获甚微。在阿尔伯特街的一个地点,我被送回酒店,并被威胁要逮捕我,因为我没有议会记者席的识别徽章,这不是一个通用的记者证,而是专门为报道议会山日常事务的人准备的。在另一个检查站,当我向他展示我的推特资料以证明我在报道车队时,警察让我通过。("哦,你还是经过验证的。"他说。)

从技术上讲,记者可以通过其中一个警察入口进入惠灵顿街,但我在这里还是因为没有议会记者证而被拒绝进入,尽管我提供了身份证明和编辑的派遣信。在几百米外的另一个大门,我的证件被接受了。这些故事揭示了执法是如何因你所遇到的警察的不同而大不相同。渥太华警方提醒人们,"安全区仍然有效",并吹嘘说逮捕了两个人,因为他们胆敢在没有"特殊证明"的情况下到处走动。正如保守党议员梅丽莎·兰茨曼(Melissa Lantsman)所指出的,加拿大人被剥夺了去国会山抗议《紧急状态法》的权利。[123] 警方的推特账户威胁要"积极寻找"任何参与抗议的人,并"跟进经济制裁和刑事指控"。[124]

一名妇女发布了一段视频,其中一名警察大吼大叫让她离开,甚至在他意识到她正在拍摄他时抓住或击打她的相机。抛开公民自由的影响不谈,这一策略让渥太华警方得到了他们想要的结果:抗议者回家了。车队在渥太华的大部分时间里,我住的喜来登酒店的入住率为 100%;随着人们离开渥太华,周日晚上的入住率下降到了微乎其微的程度。

在安全区内,一切都像世界末日一样。唯一被允许进入安全区的是警察和少数记者。这里没有喇叭或柴油机,人也很少。我每走一步都能听到雪的脆响——这绝对不是车队的城市了。在我四处走动时,我偶然发现一群多伦多警察正在使用他们的监视无人机在议会大楼前自拍。整个上午,从其他辖区来的警察都离开了,包括多伦多警察局的骑警队。最终,周边的围栏也被拆除,尽管惠灵顿继续禁止车辆通行,也许是永久性的。

* * *

如果说渥太华曾经出现过全国性的紧急情况,那么现在已经没有了。然而,议会还必须对特鲁多援引《紧急状态法》进行表决。2月21日,车队发言人达格尼·帕夫拉克和本杰明·迪克特发表了一封"致议会的公开信",要求政治家们"仔细反思他们即将建立的历史先例"。这已经无关紧要了。由于特鲁多坚持认为这项援引是一项信任动议,他自己的党团和新民主党都很配合,紧急状态得到确认——

在最后一辆卡车被清除的两天后，特鲁多对他何时撤销紧急状态声明保持沉默。他为紧急状态的援引进行辩护，并调侃说可能很快就会结束，但没有提供任何具体内容。保持紧急状态的一个可能原因是，政府和银行可以继续冻结银行账户，因为他们正在处理关于谁在渥太华抗议的信息。

总的来说，那个周末警察在渥太华逮捕了191人，并提出了391项与他们打击车队有关的指控。许多抗议者被驱赶到市郊并被释放，但其他人被指控犯有包括妨碍警察、捣乱和袭击警察办公室等罪行。

警方说，他们扣押了115辆车。他们在网上公布了关于汽车或卡车被拖走的人如何取回的说明。抗议者至少在一周内不被允许从渥太华的扣押场取回他们的车辆。取回一辆卡车的费用为1191美元，轻型车为516美元。许多抗议者报告说，他们的车窗被砸，以及其它的车辆损坏，甚至那些他们在警察进驻前不久离开时特意没有锁门，钥匙也没有拔掉的车辆。

政府说，最终有200多个银行账户被冻结，总共有780万美元。[125] 大多数（如果不是全部）冻结的账户在抗议活动结束后的一周内被释放。一些组织者告诉我，他们的信用评分受到了影响，其中一人报告说，在之后试图开设新的银行账户时被拒绝了。

即使在紧急状态法的冻结被解除后，自由车队的资金仍然被冻结。2月初，TD获得的140万美元被转入一个托管账户，还有来自GiveSendGo的400多万美元，在玛瑞瓦禁令之后被困于Stripe。这笔钱将放在托管账户中，等待律师保罗·钱普对卡车司机提出的集体诉讼的结果。[126] GiveSendGo坚持了一段时间，但在 3 月放弃了，并退还了捐款，认为没有办法保证政府不会以其他方式得到这些钱。[127] 4 月 7 日加拿大广播公司的一篇报道称，800 万美元的车队捐款"下落不明"，尽管这是 GiveSendGo 正在向捐赠者退还的钱。[128]

克里斯·巴伯在被捕后的第二天被保释，并被指示在 24 小时内离开渥太华，在五天内离开安大略省。根据保释条件，他不允许直接或间接支持车队。帕特·金被捕后，在我写这篇文章的时候，仍然身陷囹圄，看不到释放的迹象，也没有确定审判日期。

塔玛拉·利奇在关押中度过了周末，直到 2 月 22 日星期二才得到保释听证会，之后法官拒绝了她的申请，并将她关在监狱里。在另一位法官审查了她的保释申请后，利奇最终于 3 月 7 日被释放，但这位梅蒂斯人（Metis）的祖母还是在监狱里呆了 18 天。她被释放的条件，律师基思·威尔逊说可"能会让普京羡慕"。

利奇被禁止与巴伯、迪克特、汤姆·马拉佐、丹尼·布尔福德和其他几个人（其中一些人她从未见过）交谈。她还被全面禁止使用社交媒体，其中包括允许她的保释担保人访问她的设备，以定期检查她是否遵守了规定。法官还命令利奇不得参与"组织或促进反 COVID-19 强制活动和自由车队活动"，或"以口头、书面、财务或任何其它方式"支持任何与自由车队有关的活动。有司甚至试图再次审查她的保释，将她送回监狱。国家和法院对利奇的所有反对似乎只增强了她在支持者中的吸引力。

当她回到她的家乡阿尔伯塔省梅迪辛·哈特时，她受到了英雄般的欢迎。她确保不对任何与车队有关的事情表示支持，但该市的人们为她欢呼，与她拥抱，纷纷与她合影。宪法自由正义中心决定授予她梦寐以求的乔治·乔纳斯自由奖（George Jonas Freedom Award），以表彰她在整个车队中对自由的坚定捍卫。

* * *

根据《紧急状态法》，联邦政府被要求对其行动进行公开调查，包括决定援引该法以及在该法生效时做了什么。特鲁多于 4 月 25 日启动了这项工作，任命安大略省法官保罗·鲁洛（Paul Rouleau）为调查组组长，调查组必须在 2023 年 2 月 20 日前提交报告。特鲁多在宣布调查时，似乎希望它更多地考察抗议者的行为而不是政府的行为。"委员会将审查导致发布声明的情况以及为应对紧急情况而采取的措施。"特鲁多办公室的一份声明说。[129] "这包括车队的演变，资金和虚假信息的影响，经济影响，以及警察和其他应对人员在声明前后的努力。"

特鲁多不承诺允许调查组查阅机密的内阁文件，这对透明度来说不是一个好兆头，因为这将揭示在内阁会议上进行的讨论和审议，包括什么样证据，如果有的话，来证明紧急声明的合理性。

与我交谈的组织者中没有人对所发生的事情表示遗憾，除了一些可能不无小补的细节（尤其是在媒体关系和信息传递方面）。有些人并不想从车队事件中走出来。惠灵顿街的队长大卫·佩斯利继续通过他的 Live From The Shed 流媒体讲述车队的故事，并在车队之后的几周和几个月里，在安大略省的许多自由集会上不时从路上进行广播。4 月，一群摩托车手安排了前往渥太华的"滚雷"车队，该车队规模较小，明显没有自由车队的庆祝活动。不出所料，它受到了当地警察的冷遇。

所有车队的组织者都为他们的工作感到非常自豪，并与在渥太华遇到的其他人建立了终生的友谊。"我愿意立即再来一次，"马拉佐告诉我，"这一次，我只会做得更好。"

迪克特说，他很遗憾他们没有在渥太华多待几天，因为一位前 NHL 球员召集了近 60 位现任和前任冰球明星，他们计划在 2 月 20 日飞到渥太华，与卡车司机们一起打球，并在舞台上举办派对以争取支持。

利奇说，她希望车队能早点发表宣言，但除此之外，她没有任何疑虑。"一秒钟都不用考虑我愿意重新做一遍。"她说。

3 月 5 日，帕夫拉克和迪克特发表了一份"总结性"新闻稿，宣传车队的成就，从取消省级限制到针对《紧急状态法》的诉讼，到更普遍的政治气候转变（正在进行的保守党领导层竞选中的几位候选人一直在竞争，以证明谁更支持车队，谁先支持车队）。

帕夫拉克和迪克特写道："我们非常感谢使这次示威成为可能的卡车司机和志愿者们。没有他们的牺牲，公众的声音将继续被压制。自由车队激励世界各地的人们站起来，发出他们的声音，反对政府通过播撒恐惧和分裂而实施的无意义的暴政。多亏了他们，政府现在可以清楚地听到我们的声音。"

结语

尽管车队组织者谈论的都是他们在渥太华三周的成就和成绩，但房间里仍有一头令人担忧的大象。联邦政府没有取消其任何一项疫苗强制或 COVID 限制。在车队结束时，公共部门的工作人员仍然必须接种疫苗才能工作。隔离规则仍然取决于疫苗接种状况。未接种疫苗的人仍然被禁止进入飞机和火车。甚至对跨境卡车司机的疫苗强制——正是这一政策在卡车司机布里吉特·贝尔顿和克里斯·巴伯的脑海中激发出了车队的想法——也仍然存在。事实终于证明，联邦政府比车队本身更加顽固。

这并不意味着该车队是一个失败。它为艾林·奥图尔被赶出保守党领袖的位置和加速取消几个省的 COVID 限制立下汗马功劳，尽管这些胜利相对较小。

它真正的成功远在意料之外。该运动团结了在政治上很少露面的不同群体，法裔加拿大人和被冷落的西部人，原住民和安大略省郊区的人，自由主义者和社会保守派。这发生在自由的旗帜下，无关传统的左右政治分歧。车队联盟让我想起罗纳德·里根（Ronald Reagan）的那句老话：不要因为 20% 的意见相左而成为敌人，而要因为 80% 的看法一致而结成盟友。

抗议者从他们的人数中找到了力量，人数之多足以推翻贾斯汀·特鲁多的"边缘少数"标签。通过保持和平直到最后，车队超越了媒体和政府的攻击，证明了他们的谬论。除非联邦政府彻底投降（这一直是一个不太可能的目标），否则车队要么通过武力镇压，要么是抗议者感到无聊而自己回家来结束。武力镇压花了三个星期才到来，但它确实来了。

车队还揭示了加拿大政治和媒体中的阶级断层。人们对一群蓝领卡车司机能让七国集团的首都屈服三周感到不可思议。即使是那些讨厌车队的人，也对贾斯汀·特鲁多和渥太华市似乎没有任何办法来处理它感到困惑，这就是为什么在接近尾声时，渥太华的街道上出现了反抗议活动。你可能觉得车队令人反感，但政府的反应从一开始就令人尴尬。

换句话说，车队对自由事业的最大贡献是揭示了国家准备在多大程度上阻止那些寻求自由的人。首先，他们试图遣散他们，接着恶意中伤他们，然后把他们当作暴力叛乱分子。这一切都不成立。在没有暴力的情况下，媒体紧紧抓住任何可以用来破坏整个车队的孤立的轶事。

车队最让我着迷的是其背后的人。没有任何领导或组织经验的人出现了，并成为一个快速增长的组织的关键人物，他们一时兴起，最终支持了一个更大和更快增长的运动。当我在渥太华了解到指挥中心、战略会议、媒体关系团队、IT 部门、情报和反间谍部门，还有餐饮办公室时，我知道有一个故事正在上演，需要被讲述。矛盾的是，尽管我描述了所有的复杂性，但自由公司和车队的组织者除了他们自己之外，对任何人都没有真正的权力。他们自己也承认这一点。组织者通常很自豪地告诉我，每个抗议者——每个卡车司机——都是他或她自己的领导，可以决定做什么，如何表现，以及何时离开。这就是为什么车队会有如此大的风险，但也是为什么当预测的暴力事件没有出现的时候，它更令人印象深刻。卡车司机们越来越信任组织者——高调的组织者得到了媒体的关注，而那些默默无闻的隐身客则做了大量繁重的工作，却从来不想要荣誉或认可。

在我为这本书接触的几十个人中，几乎每个人都很乐意发言。他们中的许多人在渥太华这个疯狂的时期有数小时的故事可讲，这对他们自己的生活和国家来说都至关重要。车队表明，一个时机选择它的领导者比领导者选择他们的时机更为重要。当加拿大准备好为自由而战时，一群斗志昂扬的卡车司机和他们的朋友毅然登场，汽笛一响共襄胜举。

注释

1 Cosmin Dzsurdzsa, "Trudeau calls convoy a 'small fringe minority' who hold 'unacceptable views,'" True North, January 26, 2022, https://tnc.news/2022/01/26/trudeau-calls-convoy-asmall-fringe-minority-who-hold-unacceptable-views/.

2 Marie Oakes, "Parliament Today deletes tweet suggesting donations to convoy could be providing 'financial services' for 'terrorist activity,'" Westphalian Times, January 27, 2022, https://tnc.news/2022/01/30/the-canadian-legacy-medias-tenworst-spins-on-the-truckersforfreedom-convoy/.

3 Emma Colton, "Canadian news host slammed for suggesting Russia behind massive 'freedom' trucker protest," FoxNews. com, January 30, 2022, https://www.foxnews.com/world/cbccanada-russia-freedom-convoy-vaccine-protest-criticisms.

4 Brigitte Belton [gidget_642], "#Windsor #cbsa #threats #gastqpo," TikTok, November 17, 2021, https://www.tiktok.com/@gidget_642/video/7031587574389034287.

5 Public Health Agency of Canada," Government of Canada announces adjustments to Canada's border measures," November 19, 2021, https://www.canada.ca/en/public-health/news/2021/11/government-of-canada-announces-adjustmentsto-canadas-border-measures.html.

6 Grace Kay, "US to require truckers crossing US border be fully vaccinated, starting in January," Business

Insider, November 23, 2021, https://www.businessinsider.com/truckers-vaccinemandate-drivers-crossing-us-border-biden-2021-11.

7 Government of Canada, "COVID-19 Vaccination in Canada," https://health-infobase.canada.ca/covid-19/vaccination-coverage/.

8 Canadian Trucking Alliance, "US-Canada vaccine proposals for truckers need rethinking to soften economic, supply chain pain," news release, November 19, 2021, https://www. globenewswire.com/news-release/2021/11/19/2338457/0/ en/CTA-US-Canada-Vaccine-Proposals-for-Truckers-NeedRethinking-to-Soften-Economic-Supply-Chain-Pain.html.

9 Cece M. Scott, "Freedoms Collide. Freedoms Divide," City Life, March 15, 2022, https://mycitylife.ca/people/special-feature/ freedom-convoy-truckers-ottawa-canada/.

10 Steve Scherer, "Canada drops vaccine mandate for its truckers after pressure from industry," Reuters, January 13, 2022, https://www.reuters.com/world/americas/canadian-truckers-stayexempt-covid-19-vaccine-requirements-2022-01-13/.

11 Public Health Agency of Canada, "Requirements for truckers entering Canada in effect as of January 15, 2022," Statement from Jean-Yves Duclos, Omar Alghabra, and Marco Mendicino, January 13, 2022, https://www.canada.ca/en/public-health/ news/2022/01/requirements-for-truckers-entering-canada-ineffect-as-of-january-15-2022.html.

12 Brigitte Belton [gidget_642], Convoy update, TikTok, January 15, 2022, https://www.tiktok.com/@gidget_642/video/7053313101080530223.

13 9News, "Queensland truckie convoy heads for NSW to protest mandatory vaccine," August 30, 2021, https://www.9news. com.au/national/coronavirus-queensland-nsw-truck-driversprotest-against-mandatory-covid-19-vaccine-for-essentialworkers/76330fce-f6ea-4c89-a22e-1b9ccd31c03a.

14 James Bauder, post to Facebook in Canada Unity, August 30, 2021, https://www.facebook.com/groups/CanadaUnity/posts/931657194359200.

15 Dave Dormer, "United We Roll convoy '100%' successful, says organizer despite concerns over funds raised," CBC News, February 23, 2019, https://www.cbc.ca/news/canada/calgary/ alberta-united-we-roll-convoy-organizer-1.5031454.

16 Canada Unity, Facebook post, December 30, 2021, https://www.facebook.com/CanadaUnity/posts/3000388900291586.

17 Pat King, "QUICK UPDATE," The Real Pat King on Facebook, January 12, 2022, https://www.facebook.com/therealpatking/videos/405809597896484.

18 Pat King, "Convoy Update: Convoy Organizers Join In," The Real Pat King on Facebook, January 13, 2022, https://www.

facebook.com/therealpatking/videos/373761267850240.

19 Gillian Findlay, "Convoy Organizer Pat King answers questions on racist videos, 'catch a bullet' comment," The Fifth Estate, CBC, February 26, 2022, https://www.youtube.com/ watch?v=96XjD2NkOUc.

20 Chris Barber [@bigred19755], TikTok video, January 20, 2022, https://www.tiktok.com/@bigred19755/video/7055506179 514010886.

21 Freedom Convoy 2022, Facebook video, January 23, 2022, https:// www.facebook.com/watch/live/?ref=watch_permalink &v= 397538718792789.

22 Tucker Carlson Tonight, "An Orwellian vaccine registry could be coming to the US, says Canadian trucker," Fox News, January 28, 2022, https://video.foxnews.com/v/6294064548001#sp= show-clips.

23 Alex McKeen, "Three 'Freedom Convoy' organizers pull back the curtain on the hopes, tension and infighting that marked the occupation," Toronto Star, March 26, 2022, https://www.thestar.com/news/canada/2022/03/26/three-key-freedom-convoyorganizers-pull-back-the-curtain-on-the-hopes-tension-andinfighting-that-marked-their-protest.html.

24 CBC News, "Truckers protest dangerous conditions on B.C. highways," January 22, 2022, https://www.cbc.ca/news/canada/ british-columbia/truckers-rally-bc-highway-conditions-1.6324447.

25 Reid Small, "BC truckers to join convoy across Canada in protest of mandatory vaccine," Western Standard, January 17, 2022, https://westernstandardonline.com/2022/01/bc-truckersto-join-convoy-across-canada-in-protest-of-mandatoryvaccine.

26 Courtney Greenberg, "Cross-country truckers convoy departs B.C. for Ottawa to protest vaccine mandate," National Post, January 22, 2022, https://nationalpost.com/news/canada/ cross-country-truckers-convoy-departs-b-c-for-ottawa-toprotest-vaccine-mandate.

27 Paul Johnson, "'Freedom convoy' of truckers opposing vaccine mandate leaves Metro Vancouver for Ottawa," Global News, January 23, 2022, https://globalnews.ca/video/8533296/ freedom-convoy-of-truckers-opposing-vaccine-mandate-leavesmetro-vancouver-for-ottawa.

28 Bernadette Mullen, "Freedom Convoy: Truckers protesting Covid mandates travel to Ottawa," Discover Weyburn, January 19, 2022, https://discoverweyburn.com/articles/freedomconvoy--truckers-protesting-covid-mandates-travel-to-ottawa.

29 Canadian Trucking Alliance, "Canadian Trucking Alliance Statement on Road/Border Protests," January 19, 2022, https:// cantruck.ca/canadian-trucking-alliance-statement-on-roadborder-protests/.

30 Canadian Trucking Alliance, "Canadian Trucking Alliance Statement to Those Engaged in Road/Border Protests, January 22, 2022, https://cantruck.ca/canadian-trucking-

alliancestatement-to-those-engaged-in-road-border-protests/.

31 Roberto Wakerell-Cruz, "Canadian Trucking Alliance president donated to Liberals in 2018," The Post Millennial, January 26, 2022, https://thepostmillennial.com/canadian-truckingalliance-president-donated-to-liberals-in-2018.

32 Omar Alghabra, Seamus O'Regan, Carla Qualtrough and Stephen Laskowski, "Joint Statement by Ministers Alghabra, O'Regan and Qualtrough, and the President of the Canadian Trucking Alliance," Government of Canada, January 25, 2022, https://www.canada.ca/en/transport-canada/news/2022/01/declarationcommune-des-ministresalghabra-oregan-et-qualtrough-et-dupresident-de-lalliance-canadienne-du-camionnage.html.

33 Dan Ferguson, "Alberta-based Maverick party denies involvement in fund raising for 'freedom convoy,'" Castlegar News, January 24, 2022, https://www.castlegarnews.com/news/ alberta-based-maverick-party-denies-involvement-in-fundraising-for-freedom-convoy/.

34 James Menzies, "The murky matter of protests and the donations that drive them," TruckNews.com, January 21, 2022, https://www.trucknews.com/blogs/the-murky-matter-ofprotests-and-the-donations-that-drive-them/.

35 Gerald Butts, Twitter post, January 22, 2022, https://twitter.com/gmbutts/status/1484916848848220170.

36 Canadian Anti-Hate Network, "The 'Freedom Convoy' is nothing but a vehicle for the far right," January 27, 2022, https://www.antihate.ca/the_freedom_convoy_is_nothing_but_a_ vehicle_for_the_far_right

37 Alex Boutilier and Rachel Gilmore, "Far-right groups hope trucker protest will be Canada's 'January 6,'" Global News, January 25, 2022, https://globalnews.ca/news/8537433/far-right-groupstrucker-protest-jan-6/.

38 Rachel Gilmore, "Some trucker convoy organizers have history of white nationalism, racism," Global News, January 29, 2022, https://globalnews.ca/news/8543281/covid-trucker-convoyorganizers-hate/.

39 Grant LaFleche, "'Freedom Convoy' leader shared symbol od far-right hate group on TikTok," Toronto Star, January 28, 2022, https://www.thestar.com/news/canada/2022/01/28/freedom-convoy-leader-shared-symbol-of-far-right-hategroup-on-tiktok.html.

40 Alex Cooke, "Nova Scotia extends blockade ban to all roads, streets and highways," Global News, February 4, 2022, https://globalnews.ca/news/8596492/ns-blockade-ban-all-roadsstreets-highways/.

41 Cosmin Dzsurdzsa, "Trudeau calls convoy a 'small fringe minority' who hold 'unacceptable views,'" True North, January 26, 2022, https://tnc.news/2022/01/26/trudeau-calls-convoy-asmall-fringe-minority-who-hold-unacceptable-views/.

42 Justin Trudeau, Twitter post, March 31, 2020, https://twitter.com/JustinTrudeau/status/1245139169934016517.

43 Erin O'Toole, "It's time for solutions, and it's time for Canadians to come together," Toronto Sun, January 26, 2022, https://torontosun.com/opinion/columnists/otoole-its-time-forsolutions-and-its-for-canadians-to-come-together.

44 City of Ottawa Media Availability, January 26, 2022, https://www.youtube.com/watch?v=uTf1EDjsu8E.

45 Ottawa Police Service Media Availability, January 28, 2022, https://www.youtube.com/watch?v=SFYcJQP5P3Y.

46 Guy Quenneville, "Convoy protesters were expected to leave Ottawa during 1st week, city says," CBC News, March 26, 2022, https://www.cbc.ca/news/canada/ottawa/ottawa-freedom-convoy-protest-mathieu-fleury-councillorinquiry-city-response-1.6397758.

47 Judy Trinh, "How organizers with police and military expertise may be helping Ottawa convoy protest," CBC News, February 9, 2022, https://www.cbc.ca/news/canada/ convoy-protesters-police-tactical-knowledge-1.6345854.

48 Ottawa Police Service, "Significant traffic disruptions expected this weekend due to demonstration," January 26, 2022, https://www.ottawapolice.ca/Modules/News/index.aspx?keyword=&date=01/01/2022&page=2&newsId=9d1c 61b6-8569-4aec-8481-2f32b7f61780.

49 David Fraser, "Almost $8M in 'Freedom Convoy' donations still unaccounted for, documents show," CBC News, April 7, 2022, https://www.cbc.ca/news/canada/ottawa/freedom-convoydonations-1.6410105.

50 Nichola Saminather, "TD Bank freezes accounts that received money for Canada protests," Reuters, February 12, 2022, https://www.reuters.com/world/americas/td-bank-freezestwo-accounts-that-received-funds-support-canada-protests2022-02-12/.

51 Health Canada, "Ivermectin not authorized to prevent or treat COVID-19; may cause serious health problem," public advisory, October 19, 2021, https://recalls-rappels.canada.ca/ en/alert-recall/ivermectin-not-authorized-prevent-or-treatcovid-19-may-cause-serious-health-problems.

52 Mike Arsalides, "Former Georgian College instructor in Ottawa as spokesperson for Freedom Convoy," CTV News, February 9, 2022, https://barrie.ctvnews.ca/former-georgiancollege-instructor-in-ottawa-as-spokesperson-for-freedomconvoy-1.5775106.

53 Mike Blanchfield and Jim Bronskill, "Federal ministers blast Ottawa protesters seeking to join opposition 'coalition,'" Toronto Star, February 8, 2022, https://www.thestar.com/ politics/2022/02/08/feds-ottawa-mayor-meet-to-discusscovid-19-protests-clogging-canadian-capital.html.

54 Mark Gollom, "Anger over defacement of Terry Fox statue a sign of his 'unique' legacy, says mayor of icon's hometown," CBC News, February 1, 2022,

https://www.cbc.ca/news/ canada/ottawa/terry-fox-statue-convoy-1.6333867.

55 Blacklock's Reporter, "Convoy Allegation Disproven," April 29, 2022, https://www.blacklocks.ca/convoy-allegationdisproven/.

56 Matias Muñoz, Twitter post, February 6, 2022, https://twitter.com/TiMunoz/status/1490473045965815812.

57 Ted Raymond, "Suspect charged in downtown Ottawa arson last month not connected with 'Freedom Convoy': police," CTV News, March 21, 2022, https://ottawa.ctvnews.ca/ suspect-charged-in-downtown-ottawa-arson-last-month-notconnected-with-freedom-convoy-police-1.5828171.

58 Matias Muñoz, Twitter post, March 21, 2022, https://twitter.com/TiMunoz/status/1506012500671696905.

59 Shepherds of Good Hope, Twitter post, January 30, 2022, https://twitter.com/sghottawa/status/1487854425368633344.

60 @Backyardfarmer420, Twitter post, January 29, 2022, https://twitter.com/Backyardfarmer3/status/1487601494312509445.

61 Candice Malcolm, "Everything we know so far about the Nazi Flag guy," True North, January 30, 2022, https://tnc.news/2022/01/30/ everything-we-know-so-far-about-the-nazi-flag-guy2/.

62 Emily Pasiuk, "Edmonton-area MP under fire for photo of him near flag bearing Nazi symbol," CBC News,

January 30, 2022, https://www.cbc.ca/news/canada/edmonton/edmontonarea-mp-under-fire-for-photo-of-him-near-flag-bearing-nazisymbol-1.6333266.

63 Cross Country Checkup, "Why the word 'freedom' has become such a rallying cry for protesters," CBC News, February 13, 2022, https://www.cbc.ca/radio/checkup/what-s-your-reaction-tothe-ottawa-standoff-and-the-border-blockades-1.6349636/ why-the-word-freedom-is-such-a-useful-rallying-cry-forprotesters-1.6349865.

64 Jonathan Bradley, "Antisemitic leaflet was a hate hoax pushed by legacy media and left-wing politicians," True North, February 7, 2022, https://tnc.news/2022/02/07/anti-semiticleaflet-was-a-hate-hoax-pushed-by-legacy-media-and-leftwing-politicians/.

65 CBC News, "Protest convoy had 'worst display of Nazi propaganda in this country,' anti-hate advocate says," January 30, 2022, https://www.cbc.ca/player/play/1997828675918.

66 John Paul Tasker, "Trudeau accuses Conservative MPs of standing with 'people who wave swastikas,'" CBC News, February 17, 2022, https://www.cbc.ca/news/politics/trudeauconservative-swastikas-1.6354970.

67 Toronto Sun, "Toronto MP thinks a Freedom Convoy term is call for Hitler," February 22, 2022, https://torontosun.com/ news/national/toronto-mp-thinks-a-freedom-convoy-term-iscall-for-hitler.

68 Rupa Subramanya, "What the Truckers Want," Common Sense, February 10, 2022,

https://bariweiss.substack.com/p/ what-the-truckers-want.

69 Jordan Peterson, What the Truckers Do and Do Not Want, The Jordan B Peterson Podcast, February 15, 2022, https://www.youtube.com/watch?v=P8tzXazvyHQ.

70 Elon Musk, Twitter post, January 27, 2022, https://twitter.com/elonmusk/status/1486772334635536395.

71 Donald Trump Jr., "Heroic Truck Driver Stands Up To Medical Tyranny," January 25, 2022, https://www.facebook.com/watch/?ref=external&v=2712087222431976.

72 Jonathan Bradley, "Trump says Canadian truckers 'being hunted down like enemies of their own government,'" True North, February 27, 2022, https://tnc.news/2022/02/27/trumpsays-canadian-truckers-being-hunted-down-like-enemiesof-their-own-government/.

73 Sergio Olmos, "US anti-vaccine mandate campaigns aim to mimic Canadian convoy tactic," The Guardian, February 4, 2022, https://www.theguardian.com/us-news/2022/feb/04/us-anti-vaccine-mandate-convoy-canada.

74 Annabelle Olivier, "COVID-19: Quebec premier drops plan to tax people who are unvaccinated," Global News, February 1, 2022, https://globalnews.ca/news/8585595/ covid-19-quebec-premier-drops-plan-to-tax-people-who-areunvaccinated/.

75 Phil Heidenreich, "COVID-19: Kenney announces Alberta vaccine passport program ending at midnight,"

Global News, February 8, 2022, https://globalnews.ca/news/8603220/ alberta-covid-19-restrictions-lifted-update-february-8/.

76 David Giles, "Saskatchewan moves to end all COVID-19 public health orders," Global News, February 8, 2022, https://globalnews.ca/news/8603376/saskatchewan-end-covid-19- public-health-orders/.

77 Joshua Freeman, "Doug Ford says plan in works to remove Ontario's vaccine passport system," CTV News, February 11, 2022, https://toronto.ctvnews.ca/doug-ford-says-plan-in-works-toremove-ontario-s-vaccine-passport-system-1.5777857.

78 Freedom Convoy 2022, Facebook post,

79 Rachel Aiello, "MPs warned about security risks related to convoy, O'Toole plans to meet truckers," CTV News, January 27, 2022, https://www.ctvnews.ca/politics/mps-warned-about-security-risksrelated-to-convoy-o-toole-plans-to-meet-truckers-1.5757134.

80 Candice Bergen, "Statement from Conservative Leader Candice Bergen on trucker protest," Twitter post, February 4, 2022, https://twitter.com/CandiceBergenMP/status/1489700789505 376 259.

81 Josh Aldrich, "'That's $44 million per day': Coutts border blockade hits Alberta economy and trade," Calgary Herald, February 2, 2022, https://calgaryherald.com/business/ thats-44-million-per-day-coutts-border-blockade-slamsalberta-economy-and-trade.

82 Freedom Convoy 2022, "Freedom Convoy Statement," Facebook video, February 14, 2022, https://www.facebook.com/watch/?v=640216597247971.

83 Max Hartshorn, "The economic nightmare that wasn't? Border blockades had little effect on trade, data reveals," Global News, April 26, 2022, https://globalnews.ca/news/8770775/ border-blockades-trade-impact-data/.

84 Amanda Connolly, "Conservatives' Candice Bergen urges trucker convoy: 'Take down the barricades,'" Global News, February 10, 2022, https://globalnews.ca/news/8609809/ trucker-convoy-candice-bergen-conservatives/.

85 Lorrie Goldstein, "Federal intelligence expert says Freedom Convoy donors no threat," Toronto Sun, February 26, 2022, https://torontosun.com/opinion/columnists/goldstein-federalintelligence-expert-says-freedom-convoy-donors-no-threat.

86 Jim Watson, Twitter post, February 4, 2022, https://twitter.com/jimwatsonottawa/status/1489747604909039622.

87 GoFundMe, "GoFundMe Statement on the Freedom Convoy 2022 Fundraiser," Medium, February 4, 2022, https://medium.com/gofundme-stories/update-gofundme-statement-on-thefreedom-convoy-2022-fundraiser-4ca7e9714e82.

88 GiveSendGo, Twitter post, February 10, 2022, https://twitter.com/GiveSendGo/status/1491940399505682434.

89 Alec Schemmel, "Critics say Canadian state broadcaster is using illegally hacked data to out convoy donors," CBS Austin, February 15, 2022, https://cbsaustin.com/news/nation-world/ critics-say-canadian-state-broadcaster-is-using-illegallyhacked-data-to-out-convoy-donors.

90 Sammy Hudes, "PC Staffer fired over Freedom Convoy donation suing Ford, journalists," Politics Today, May 5, 2022, https://www.politicstoday.news/queens-park-today/pc-stafferfired-over-freedom-convoy-donation-suing-ford-journalists/.

91 Andrew Lupton, "Largest single Ontario convoy donation came from this London, Ont., businessman," CBC News, February 16, 2022, https://www.cbc.ca/news/canada/london/ convoy-donations-london-businessman-1.6352450.

92 Randy Richmond, "$25K donation to Ottawa protest 'about freedom': London businessman," London Free Press, February 16, 2022, https://lfpress.com/news/local-news/25k-donationto-ottawa-protest-about-freedom-londoner.

93 Andrew Lawton, "Legacy media's stories about convoy attendee don't add up," True North, March 30, 2022, https:// tnc.news/2022/03/30/legacy-medias-stories-about-convoyattendee-dont-add-up/.

94 Ekin Genç, "The 'Freedom Convoy' Bitcoin Donations Have Been Frozen and Seized," Vice, March 15, 2022, https://www.vice.com/en/article/jgmnpd/the-freedom-convoy-bitcoindonations-have-been-frozen-and-seized.

95 Josh Pringle and Ted Raymond, "Police target fuel supply for 'Freedom Convoy' demonstration in

Ottawa," CTV News, February 6, 2022, https://ottawa.ctvnews.ca/police-target-fuelsupply-for-freedom-convoy-demonstration-in-ottawa-1.5769811.

96 Joanne Chianello, "If policing can't end Ottawa's protest, then what can?" CBC News, February 3, 2022, https://www.cbc.ca/ news/canada/ottawa/policing-end-ottawa-protest-covid-19- mandates-1.6337563.

97 Jon Willing, "Chief Sloly: We need 1,800 more cops and civilians to handle crisis," Ottawa Citizen, February 8, 2022, https://ottawacitizen.com/news/local-news/chief-sloly-weneed-1800-more-cops-and-civilians-to-handle-crisis.

98 Ryan Tumilty, "Ottawa mayor calls for feds to provide 1,800 more police to clear protesters," Saltwire, February 7, 2022, https://www.saltwire.com/atlantic-canada/news/ ottawa-mayor-calls-for-feds-to-provide-1800-more-police-toclear-protesters-100690157/.

99 Dean French, "Why I negotiated with the truckers in Ottawa," National Post, February 17, 2022, https://nationalpost.com/ opinion/dean-french-why-i-negotiated-with-the-truckers-inottawa.

100 Benjamin Dichter, Twitter post, February 13, 2022, https:// twitter.com/BJdichter/status/1493033482355838976.

101 Chris Barber [@bigred19755], TikTok video, February 14, 2022, https://www.tiktok.com/@bigred19755/video/7064627 488 462474502.

102 Laura Osman, "RCMP cleared border blockades without Emergencies Act powers, committee hears," The Canadian Press, May 10, 2022, https://ottawa.citynews.ca/national-news/ rcmp-

cleared-border-blockades-without-emergencies-actpowers-committee-hears-5354395.

103 Rachel Gilmore, "Trudeau says Emergencies Act won't override fundamental rights — but experts aren't so sure," Global News, February 15, 2022, https://globalnews.ca/news/8621256/ freedom-convoy-emergencies-act-trudeau-charter-rights/

104 Adam Toy, "4 charged with conspiracy to murder after raid on Coutts blockade," Global News, February 15, 2022, https:// globalnews.ca/news/8622765/conspiracy-to-murder-weaponschargers-coutts-blockade-raid/.

105 Justin Ling, "Ottawa protests: 'strong ties' between some ocupiers and far-right extremists, minister says," The Guardian, February 16, 2022, https://www.theguardian.com/world/2022/feb/16/ottawa-blockade-strong-ties-extremists.

106 Jeremy MacKenzie, Untitled video, Diagolon, n.d., https:// diagolon.org/.

107 Ottawa Police Service, "A further notice to demonstrators," February 16, 2022, https://www.ottawapolice.ca/en/news-andcommunity/weekend-demonstration-information-and-updates. aspx#A-further-Notice-to-Demonstrators-February-16-2022.

108 Maggie Parkhill, "Who is who? A guide to the major players in the trucker convoy protest," CTV News, February 10, 2022, https://www.ctvnews.ca/canada/who-is-who-a-guide-to-themajor-players-in-the-trucker-convoy-protest-1.5776441.

109 Rachel Emmanuel, "More Canadians strongly oppose Emergencies Act: Mainstreet poll," iPolitics, February 19, 2022, https://ipolitics.ca/news/more-canadians-strongly-opposeemergencies-act-mainstreet-poll.

110 Paul Champ, Twitter post, February 17, 2022, https://twitter.com/paulchamplaw/status/1494477818184536068.

111 Jagmeet Singh, "Jagmeet Singh Speech on Emergencies Act," NDP, February 17, 2022, https://www.ndp.ca/news/ jagmeet-singh-speech-emergencies-act.

112 Nathaniel Erskine-Smith, "Speech on the Emergencies Act," February 21, 2022, https://beynate.ca/speech-on-theemergencies-act/.

113 Canadian Civil Liberties Association, "CCLA will fight invocation of Emergencies Act in court," February 17, 2022, https:// ccla.org/major-cases-reports/ccla-will-fight-invocation-ofemergencies-act-in-court-2/.

114 Canadian Constitution Foundation, "Emergencies act challenge," February 17, 2022, https://theccf.ca/?case=emergenciesact-challenge.

115 Andrew Lawton, "Alberta takes Trudeau to court over use of Emergencies Act," True North, May 7, 2022, https://tnc. news/2022/05/07/alberta-takes-trudeau-to-court-over-use-ofemergencies-act/.

116 Sara Frizzell and Shaamini Yogaretnam, "Convoy protest organizers Tamara Lich, Chris Barber, Pat King arrested in Ottawa," CBC News, February 17, 2022, https://www.cbc.ca/news/canada/ottawa/tamara-lich-chris-barber-arrestedottawa-1.6355960.

117 Benjamin Dichter, Twitter post, February 18, 2022, https://twitter.com/BJdichter/status/1494780866681319427.

118 Cheryl Gallant, "Conservative MPs support protest," interview with Benita Pedersen, Facebook, February 8, 2022, https://www.facebook.com/watch/?v=1797757053753209.

119 Ottawa Police Service, Twitter post, February 18, 2022, https://twitter.com/ottawapolice/status/1494806139971813376.

120 Ottawa Police Service, Twitter post, February 18, 2022, https://twitter.com/ottawapolice/status/1494683910411751426?lang=en.

121 New York Times, Twitter post, February 19, 2022, https://twitter.com/nytimes/status/1495072626607280131.

122 David Paisley, "The Last Stand. Live from the Freedom Convoy in Ottawa, Canada," Live from the Shed, February 19, 2022, https://www.youtube.com/watch?v=Q2K2Gt3nM0Q&t=1500s.

123 Melissa Lantsman, Twitter post, February 20, 2022, https://twitter.com/MelissaLantsman/status/1495450824620875776.

124 Ottawa Police Service, Twitter post, February 20, 2022, https://twitter.com/ottawapolice/status/1495367658132361216.

125 Peter Zimonjic, "Most bank accounts frozen under the Emergencies Act are being released,

committee hears," CBC News, February 22, 2022, https://www.cbc.ca/news/politics/ emergency-bank-measures-finance-committee-1.6360769.

126 Michael Woods, "'Freedom Convoy' donations frozen, could flow to Ottawa residents," CTV News, February 28, 2022, https://ottawa.ctvnews.ca/freedom-convoy-donations-frozencould-flow-to-ottawa-residents-1.5799105.

127 Erika Ibrahim, "GiveSendGo tells court it is refunding convoy donations amid freezing order," The Canadian Press, March 9, 2022, https://globalnews.ca/news/8671685/ give-send-go-donation-refunds/.

128 David Fraser, "Almost $8M of 'Freedom Convoy' donations still unaccounted for, documents show," CBC News, April 7, 2022, https://globalnews.ca/news/8671685/give-send-godonation-refunds/.

129 Prime Minister's Office, "Prime Minister announces Public Order Emergency Commission following the invocation of the Emergencies Act," April 25, 2022, https://pm.gc.ca/en/news/ news-releases/2022/04/25/prime-minister-announces-publicorder-emergency-commission-following.

加拿大自由车队运动
——震惊世界的三周内幕

作　　者：安德鲁·洛顿
译　　者：李丰果
责任编辑：Gordon Li
初　　版：2023 年 6 月
出　　版：Heptagram Inc.
网　　址：https://www.heptagram.ca/
E – mail：newpublish@heptagram.ca
ISBN：978-1-739042-80-6
Manufactured in Canada. All rights reserved.

www.ingramcontent.com/pod-product-compliance
Lightning Source LLC
Chambersburg PA
CBHW070028040426
42333CB00040B/1227